BUILD MUSCLE FASTEST AND STRONGER

筋肉を最速で太くする

早稲田大学スポーツ科学学術院　教授
広瀬統一

X-Knowledge

はじめに

あなたは何のために筋トレを始めたいのでしょうか？　運動不足の解消、身体能力を高めたい、スポーツのレベルを上げたいなど、いろんな目的があると思いますが、「見た目をかっこよくしたい」というのも立派な目的です。

特に今まで筋トレをやった経験のない人には、それが1番のモチベーションになります。見た目がかっこよくなった自分を想像して、この本の筋トレメニューを始めてください。3カ月後には、かっこよい体を手に入れることができるでしょう。

筋トレというと、筋肉を太くすること（筋肥大）だと思っている人がほとんどだと思います。もちろんそれもありますが実はそれだけではありません。同じ筋肉量でも、トレーニングによって筋力がアップしますし、筋肉を長く使い続ける持久力も増します。そうやって筋肉の質が変化することで、普段の運動能力も高まり、ブヨブヨだったり、ガリガリだった体が、かっこよい体に変わってくるのです。

かっこよい体になれば、あなたはもう筋トレがやめられなくなるでしょう。もっと筋肉を増やすため、次の段階に進みましょう。

といっても、筋トレは楽しいことばかりではありません。筋肉を太くしたい場合には、もうできないくらいまで追い込んでトレーニングしなければならないこともあるからです。これは科学的にも証明されているので避けられません。

しかし今、追い込むのがつらいと感じた人も心配いりません。本書ではそのつらさを克服するための方法もたくさん盛り込んでいます。

追い込むつらさを乗り越えた人は人間として成長します。筋トレは体だけでなく、精神も鍛えられるのです。本著は筋トレをこれから始めよう、もしくは始めてはみたけどもう少し詳しく情報が知りたい、という方に向けた基本的な情報を記しています。

そのような方々が、自身の目的にあったトレーニング方法を見つけるお役に立てれば幸いです。

2020年6月　広瀬統一

Contents

第2章 筋肉を最速で強化する筋トレのやり方

第3章 筋肉を最速で強化する食事と生活習慣

第4章 筋肉がつくとメンタルも変わる

第5章 筋トレから学ぶ健康管理法

装丁／大場君人
本文デザイン／金沢ありさ
写真／渡辺七奈
編集協力／福士 斉
イラスト／小林孝文
（アッズーロ）
モデル／西岡卓哉
印刷／シナノ書籍印刷

序章
理想の体型になるための「筋肉」を鍛える

筋肉を鍛えるとは？

筋トレの目的は1つではない

あなたは「筋肉を鍛える」という言葉に対し、
どんなイメージを持っていますか？

筋トレの目的で、最もよく知られているのは筋肉のボリューム（筋肉量）を増やす「筋肥大」ですが、これ以外にも３つあります。

まず「筋出力」は、筋肉のアウトプット（出す力）を大きくすることです。

次に「筋パワー」は、筋肉を素早く動かし、瞬間的に大きな力を出すことです。

そして「筋持久力」は、筋肉を長時間動かすために必要な力のことです。

一口に「筋肉を鍛える」といっても、このようにさまざまな目的があり、トレーニングのやり方や負荷などもまったく異なります。最速で筋肉を鍛えるためには、この４つの目的について知っておくことが大切です。

筋肥大

筋線維を太くして、筋肉のボリュームを増やすこと。重りを使ったエクササイズ（13ページ）で筋肉に高負荷をかけ、回数を重ねることで筋肥大が起こる

筋出力

筋肉量が増えると筋出力も増すが、筋肉を動かす神経を活性化することでも筋出力は高まる。また複数の筋肉を同時に使えるようにすることでも筋出力は増す

筋パワー

筋力と筋肉を動かす速さを掛け合わせて、瞬間的に大きな力を出すこと。最大筋力向上と最大スピード向上の組み合わせで行う

筋持久力

特定の筋肉を長く動かし続ける力。筋持久力のトレーニングは回数が重要で、6割以下の負荷で何回も繰り返すことが必要。セット間のインターバルも短くする

筋トレに道具はいらない

自体重エクササイズ＋エキセントリック運動

筋肉を鍛えるためのおもな方法は、左下に示した5つがあります。

本書では、腕立て伏せのような道具を使わない「自体重を使った筋トレ」（自体重エクササイズ）をメインにしていますが、筋肥大や筋パワー、筋出力には十分ではありません。

これを補うため、筋パワーや筋出力を上げるエキセントリック運動を加えました。これは筋肉を伸ばすようなトレーニングです。

さらに自体重エクササイズがマスターできたら、その発展系として、「重りを使ったエクササイズ」も紹介しています。筋肥大を起こすには、このトレーニングが必要です。

いわゆるジムで行うウエイトトレーニングですが、その前に自体重エクササイスで、重りの負荷に耐えられる筋肉をつくりましょう。

筋肉を鍛えるためのおもな方法

1 自体重を使った筋トレ

2 マシーンを使った筋トレ

3 プライオメトリクス（筋肉の瞬発力を高める）

4 エキセントリック運動（筋肉を伸ばす運動）

5 重りを使ったエクササイズ

本書は1自体重を使った筋トレをメインに、その補助として4エキセントリック運動と、より強度を高めた発展系の5重りを使った筋トレを紹介する

筋トレで「理想の体型」を目指す

体型はＢＭＩ、体脂肪、姿勢で評価する

筋トレを行うことで、「理想の体型」を手に入れることができます。

理想の体型を数字で示したのが、ＢＭＩ（ボディ・マス・インデックス）です。30代、40代の理想の体型はＢＭＩ18・5～24・9となっています。また体組成計を持っている人は、体脂肪率も参考になります。理想的な体脂肪率は30代が17～21％、40代は18～22％です。

さらに体型は見た目にも表われます。筋トレで姿勢がよくなれば理想の体型に近づきます。

体型評価① BMI（Body Mass Index）

理想の体型はBMI 22

＊吉池他（2000）のBMIと生活習慣病発症率との関係から示された値。生活習慣病の発症率が半分～$\frac{2}{3}$になることがその理由。死亡率だけでみると、もう少し高い（しかし25未満）との報告もある。

BMIの求め方

BMI＝体重(kg)÷ 身長(m)^2

＊例えば、身長175cmで体重70kgなら、70÷（1.75×1.75）＝22.86（小数点第3位以下四捨五入）

身長からわかるBMI 22の体重

身長	体重
160cm	56.3kg
165cm	59.9kg
170cm	63.6kg
175cm	67.4kg
180cm	71.3kg

年齢別目標BMI

年齢	目標BMI
18～49歳	18.5～24.9
50～69歳	20.0～24.9
70歳以上	21.5～24.9

＊あくまでも参考値。「日本人の食事摂取基準（2015）」より

新しい肥満度分類

BMI	判定
1.85以下	低体重
18.5～25未満	普通体重
25～30未満	肥満（1度）
30～35未満	肥満（2度）
35～40未満*	肥満（3度）
40以上*	肥満（4度）

＊日本肥満学会ではBMI35以上を「高度肥満」と定義
肥満症治療ガイドライン2016より

体型の評価基準②体脂肪率・内臓脂肪

標準的な体脂肪率

30代は17～21%
40代は18～22%

年齢別の体脂肪率の目安

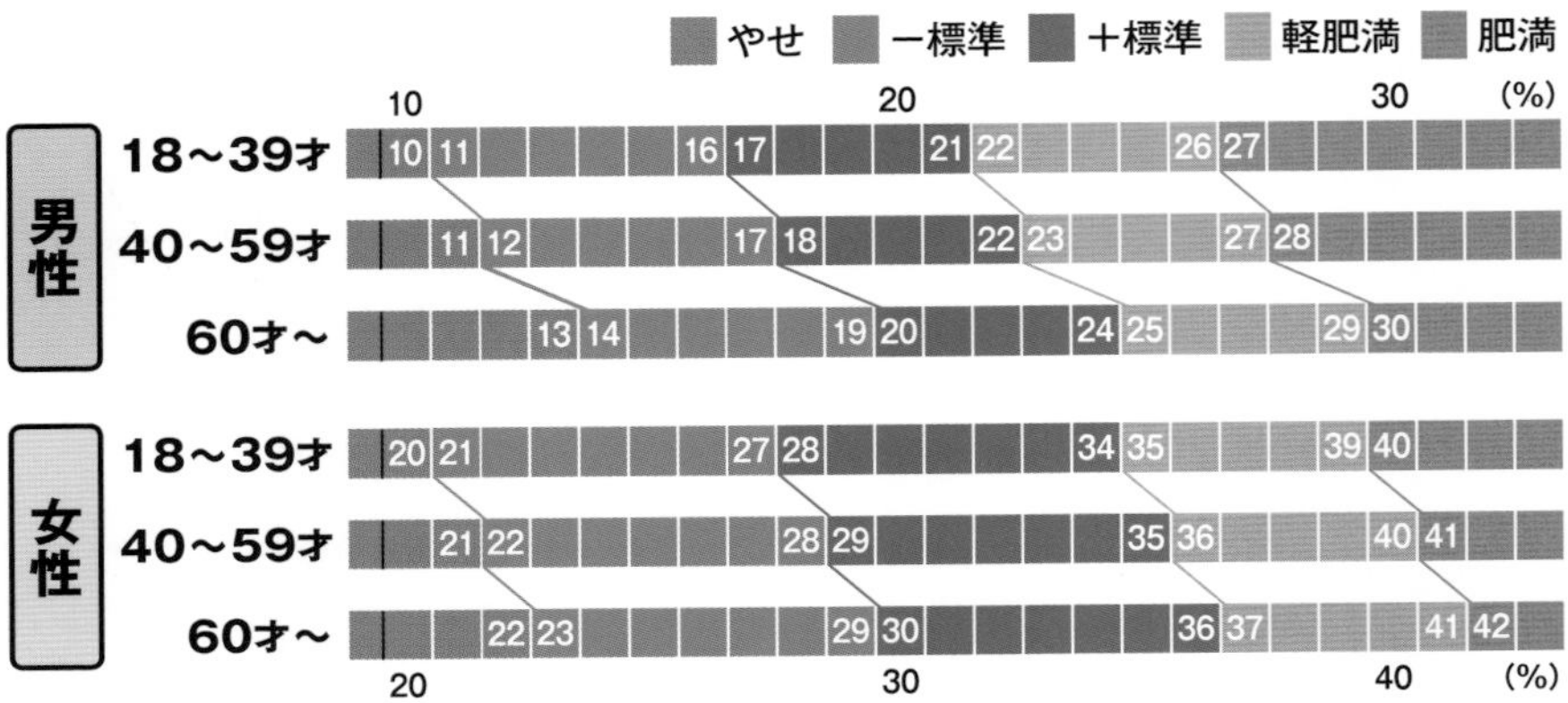

やせ
－標準
＋標準
軽肥満
肥満
10
20
30
(%)
男性
18～39才
10 11 16 17 21 22 26 27
40～59才
11 12 17 18 22 23 27 28
60才～
13 14 19 20 24 25 29 30
女性
18～39才
20 21 27 28 34 35 39 40
40～59才
21 22 28 29 35 36 40 41
60才～
22 23 29 30 36 37 41 42
20
30
40
(%)

＊WHOと日本肥満学会の肥満判定に基づき、DXA法（二重X線吸収法）によって作成
株式会社タニタHPより（https://www.tanita.co.jp/health/measure/taisoseikei/）

column

内臓脂肪とは？

体脂肪のうち、腸などのまわりにつくのが内臓脂肪で、100㎠未満が標準値。体組成計には、どのくらい内臓脂肪がついているか推計できるものもある。標準範囲を超えると、おなかが出て見えたり、血圧や血糖値が上昇するメタボリック・シンドロームを引き起こすことも

体型の評価基準③姿勢

猫背

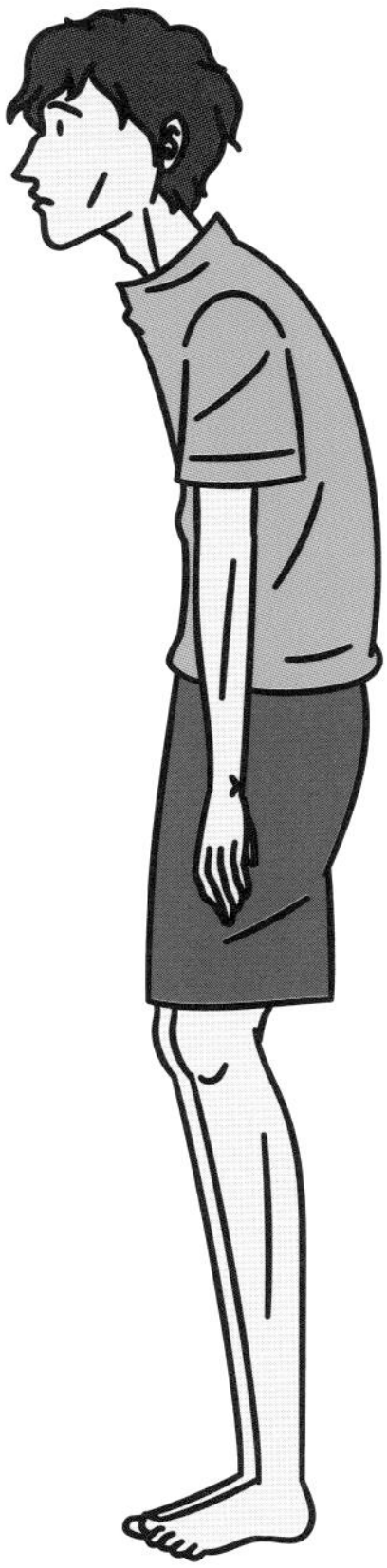

腹筋や背筋が弱いと、よい姿勢が維持しにくいため、猫背になりがち。猫背は見た目がよくないだけでなく、体のバランスも崩しやすくなる。筋トレで猫背が改善すれば見た目も大きく変わってくる

反り腰

内臓脂肪が多く、おなかがポッコリ出ているような人は、反り腰になりやすい。反り腰は、腰に負担をかけるため、腰痛の原因になることも。筋トレと同時に、おなかの脂肪を減らすことも必要

ガリガリ型と肥満型 どっちのタイプも基本は同じ

これから筋トレを始めようと思っている人を大きく分けると、やせている「ガリガリ型」と「肥満型」になるでしょう。

ガリガリ型は筋肉量が極めて少ないので、筋肥大を起こすトレーニングを中心に行います。

これに対し、肥満型は体脂肪が多いタイプなので、エネルギーを消費する筋持久力系のトレーニングに加え、有酸素運動も必要です。

いずれのタイプも筋トレが基本になるので、本書のトレーニングを続けてください。

タイプ別トレーニングのポイント

肥満型

太っているのに、筋肉が少なく、体脂肪が多いのが肥満型。体脂肪を燃焼させるため、筋持久力系のトレーニングを中心として、ランニングや水泳などの有酸素運動も併用する

ガリガリ型

ガリガリ型は、筋肉を太くする筋トレが重要になる。本書の自体重を使った「基本トレーニング」もできない場合は、より負荷の小さいトレーニングから始め、段階的に負荷を上げていく

3カ月で理想の体型に

姿勢がよくなり見た目が変わる

本書は3カ月の筋トレで、理想の体型になることを目指しています。筋肥大や筋持久力などのメニューがありますが、筋トレを続けることで、まず筋力がアップします。

筋力がアップすれば、体の動きがよくなり、日常生活の活動量をより増やしやすくなり、その結果余分な脂肪も減ってきます。さらに筋力アップや体脂肪の減少によって、姿勢がよくなり、見た目が大きく変わってきます。

の要因は運動不足です。内臓脂肪を含む体脂肪は、体に蓄えられたエネルギー源なので、運動して消費しないと、減らすことができません。

その一方で、砂糖を含む食品や高脂肪食・高カロリー食を摂りすぎると、消費できずに余ったエネルギーが内臓脂肪として蓄積されていくのです。

また加齢も内臓脂肪が増える要因の１つ。特に40歳以上は、内臓脂肪がつきやすく、メタボリックシンドロームが起こりやすくなります。

さらに女性と比較した場合、男性は内臓脂肪がつきやすいという宿命があります。

この中で、自分でできることが、運動（筋トレを含む）と食事なのです。

内臓脂肪の蓄積を促進する要因

1 運動不足

2 砂糖（蔗糖）を含む食品の摂りすぎ

3 加齢（40歳以上は特に注意）

4 男性であること（女性と比較した場合）

5 高脂肪食・高カロリー食（脂肪がお腹につかない場合もある）

（垂井清一郎，1993，日本内科学会雑誌 82巻9号，p1549 表2より引用）

Why?

読者の悩み②

どうやっても体重が落ちないのはなぜ？

お腹の脂肪が気になる人は、ダイエットに挑戦した人もいるのではないでしょうか？

ところが、がんばって食事量を減らしているのに、思うように体重が落ちないという悩みを持つ人がたくさんいます。

やせるための条件は運動でアップする

基礎代謝量	50 ～ 80%
生活活動代謝	10 ～ 40%
食事誘発熱代謝	10%

基礎代謝量は体を動かさなくても消費するエネルギー。運動すると生活活動代謝量が増え、トータルで消費エネルギーがアップする

これは食事だけで体重を減らそうとすることに無理があるからです。

　じっとしていても、眠っているときも、エネルギーは消費されます。これを「基礎代謝」といいます。基礎代謝量には個人差がありますが、運動すると基礎代謝量がアップします。ただし、体脂肪減少への効果は限定的です。

　一方で運動すると、生活活動代謝が増えるので、体脂肪をエネルギーとして使うことができ、ダイエット効果も増すのです。

　下に「食事単独」と「食事プラス運動」の体重の変化のグラフを掲載しましたが、運動をプラスしたほうが、やせられるのは一目瞭然。運動しないと体重は落ちないのです。

食事単独群と食事プラス運動群における体重の変化

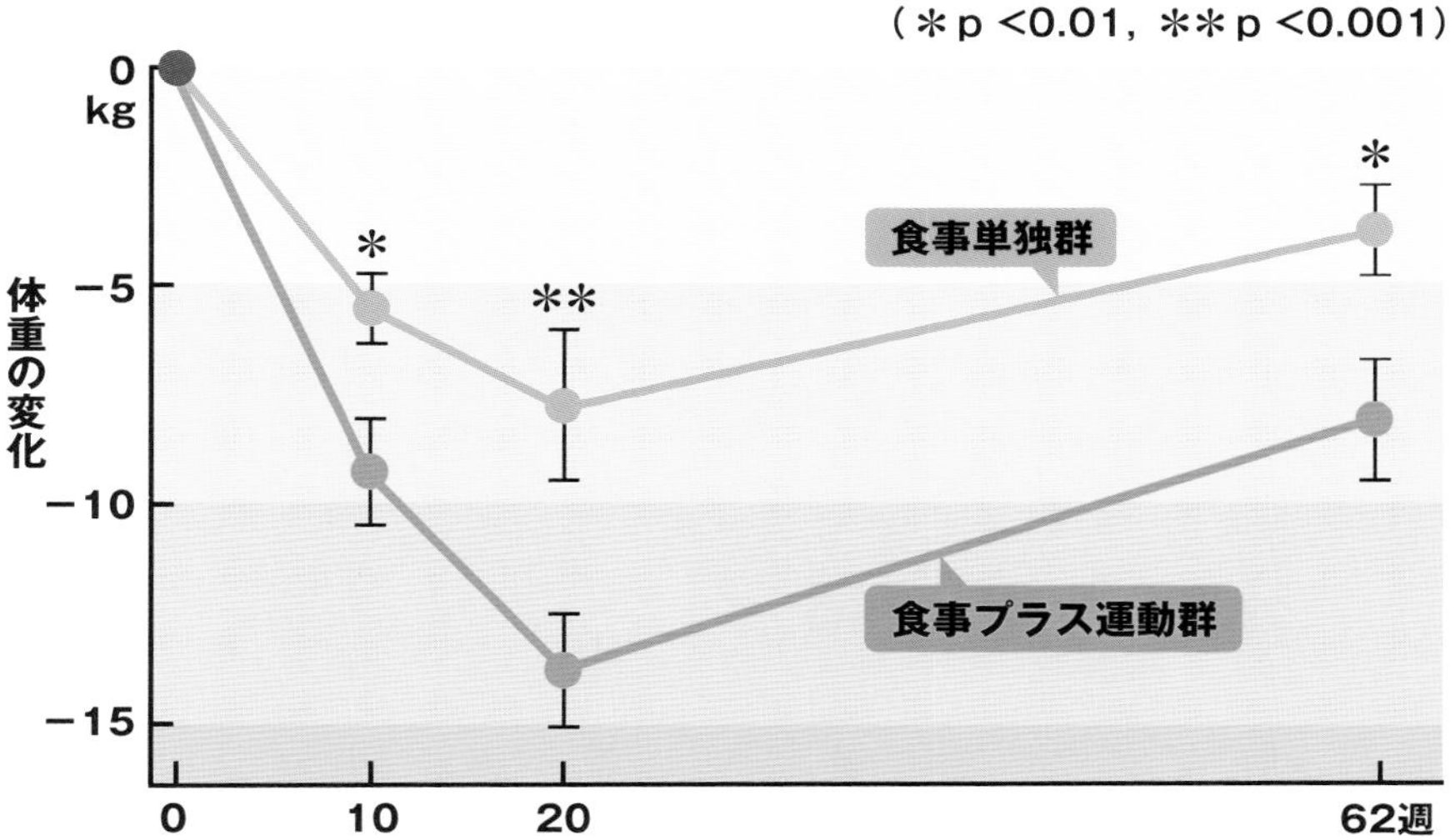

（阿部隆三，1995，日本内科学会雑誌 84巻8号，p67 図1を転載）

Why?

読者の悩み③

自己流で筋トレしているがうまくいかない？

読者の中には、すでに自己流で筋トレを始めている人が多いと思いますが、「それでは思ったように筋肉がつかない」、という悩みを持つ人が多いと思います。

自己流の筋トレで陥りがちな問題は、負荷が

自己流筋トレの2つの問題点

1 負荷が軽くなりがち（追い込めない）

↓

筋力（筋肥大・筋出力・筋パワー・筋持久力）がアップしない

2 間違ったフォームで行うことで痛みが生じる

↓

痛みがあるから、続けられなくなる

軽くなりがちで、かつ同じ運動に慣れてしまうことです。また筋出力や筋パワー、筋持久力も負荷が軽すぎるとアップしません。

下の表のMETS（メッツ）は、運動の強度を表す単位です。筋トレがどれくらいの強度の運動になるのかがわかると思います。筋トレでは自分にできるギリギリの負荷をかけて、いわゆる「追い込む」必要があるのですが、自己流ではこれができていない場合が多いのです。

もう1つ、間違ったフォームで行うと、体に痛みが生じるため、筋トレが続けられなくなります。その結果、期待する効果が得られないという問題もあります。

身体活動や運動の強度（METS）

オフィスワーク	1.5METS
掃き掃除（楽な運動～きつい運動）	2.3～3.8METS
ウォーキング（時速4.5～5.0km）	3.5METS
複合的なレジスタンストレーニング（8～15回）	3.5METS
ウェイトリフテイングなど（きつい運動）	6.0METS
健康体操（腕宛て、腹筋、懸垂、ジャンピングなどきつい運動）	8.0METS
ランニング（時速8.0km）	8.3METS
ランニング（時速9.7km）	9.8METS
サッカー	10.0METS

＊国立健康・栄養研究所　改訂版「身体活動メッツ（METS）表」をもとに作成

Why?

読者の悩み④

どんな運動をやれば目標の結果が出るのか？

3カ月（12週）で理想の体型をつくるには、2段階でトレーニングを行います。

第1段階（1～4週）は、筋持久力の向上を目指します。強度は70％以下で、その分、回数を増やします。

3カ月（12週）で結果を出すには

第1段階

筋持久力の向上（1～4週）

70％以下の強度で回数は15～20回、セット数は3セット程度にする。セット間のレスト（休息）は30秒以内

↓

第2段階

筋肥大を狙う（5～12週）

エキセントリックな負荷で、ゆっくり下げて（2～4秒）、ゆっくり上げる（1～3秒）。これをできないくらいまで行う

胞レベルでの反応が起こると考えられています。

２つめは筋肉へのダメージです。ダメージを体が検知すると、免疫機能が働き、これによってサテライト細胞の増殖と分化を調整する成長因子などが働きます。ダメージを受けた筋線維へ神経が作用し、サテライト細胞を活性化させる可能性もあります。

３つめは代謝ストレスです。いわゆる「パンプアップ」するようなトレーニングで、スローな運動で筋肉に負荷をかけることも含まれます。解糖系代謝を亢進させ、筋肉の酸性化を促すことで、成長ホルモンなどを活性化させます。それによって筋細胞の核が増殖して、筋肥大が起こると考えられています。

レジスタンストレーニングで筋肥大反応を開始する3つの要素

1 メカニカルテンション

筋線維の収縮による力とエキセントリックな刺激

2 筋肉へのダメージ

サテライト細胞の増殖と分化を調整する成長因子が働く

3 代謝ストレス

無酸素解糖運動により、さまざまな代謝物質を蓄積

muscle!

最も効率よく筋肉を鍛える ４つのポイント

最も効率よく筋肉を鍛えるには、４つのポイントがあります（下のまとめ参照）。

１と２は全身の筋肉に弱い部分を作らないためのポイントです。全身のバランスが悪いと、弱い筋肉からケガをします。また、さまざまな

point **1** **できる限り 全身を鍛える**

point **2** **前後、左右、ひねりのなど さまざまな動きを入れる**

point **3** **ゆっくり、 ていねいに行う**

point **4** **やりすぎによる バーンアウトや ケガの発症を防ぐ**

動きに対応できる筋肉でないと、特定の動きに対し弱くなり、これもケガにつながるので、前後、左右、ひねりなどの動きを入れるのです。

3はスローな動きにすることで、メカニカルテンションの効果を高めます。

4はバーンアウト（激しい筋肉痛）やケガをするとやる気がなくなり、筋トレが続かなくなることへの警告です。

やりすぎないために、目的別のトレーニングの頻度を知っておきましょう（下のまとめとグラフ参照）。筋肥大に関しては、週2回以上やると、飛躍的に向上することがわかっています。やりすぎは禁物ですが、週1回のトレーニングでは維持程度の効果しかありません。

トレーニングの頻度は目的で異なる

週2回以上で筋力は飛躍的に向上

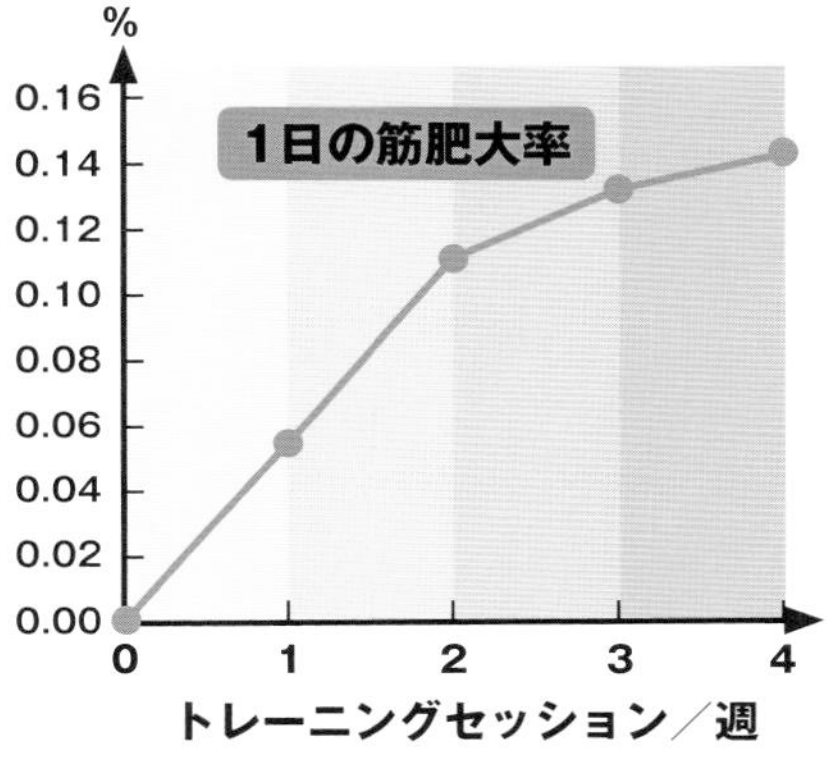

＊Bangsbo＆Anderson（広瀬監訳）.2013. P37より引用

筋持久力（体重減少を含む）

最低週3回、できれば週4～5回

筋力向上

最低週2～3回

筋肥大

1回のセッションで行う場合は週2～3回（最低2回。左グラフ参照）
1回セッションで上半身と下半身に分ける場合は週4回（各2回）

Why?

筋トレはなぜ続かないのか？

継続するためのコツ

筋トレを始めても、すぐ挫折してしまう人が多いのですが、どうすれば継続することができるのでしょうか。

1番大きな理由は、効果が見えにくいことですが、見えにくければ、可視化すればよいので

す。そのための方法の１つが、筋トレ日記をつけること（つけ方は１３８ページ参照）。

筋トレ日記は私もつけていますが、例えば、「今まで８回しかできなかったのが、10回できるようになった」あるいは「今まで50kgの負荷だったのが60kgになった」ということが日記で可視化できれば、成長を実感できます。

成長を実感するためには、短期・中期の目標をたてることも大切です。遠い目標（長期）だけだと、そこにたどり着くまでに挫折してしまうでしょう。

また家族や友人にトレーニングを見てもらうのも効果があります。公開したら引っ込みがつかなくなるのではないでしょうか。

筋トレを続けるには効果を可視化する

可視化の方法

- **筋トレ日記をつける**
  回数、負荷、体重、体脂肪、内臓脂肪、トレーニングの感想など
- **短期・中期の目標をたてる**
  成長がすぐ感じられる目標と大きな目標をたてる
- **人に見てもらう**
  トレーニングを見てもらい、体の変化を評価してもらう

Why?

もうできないところまでやる？

オールアウトが筋肥大を起こす

筋肥大のための筋トレでは「もうできない」というところまで「追い込む」ことも重要です。「もうできない」と感じるギリギリのセット数のことをオールアウトといいます。筋トレの目的によっても異なりますが、筋肥大を起こす

ためには、1RM（33ページの表下を参照）の70～80％の負荷でオールアウトまで行うセットをつくる必要があります。

とはいえ、筋トレを始めたばかりの人は重い負荷だと、本当はまだできるのに、「もうできない」とやめてしまうことも多いと思います。

そこで入門者は、まずは筋持久力を鍛えるように、軽い負荷から「もうできない」というところまでやってみましょう。筋持久力の場合は、負荷が軽いので、その分、回数を多くして、「もうできない」と感じるところまで追い込みます。また筋肥大が目的でも、初日からオールアウトまではやらないようにします。まずは動きに慣れ、70～80％の負荷にとどめます。

オールアウトまで行わないと筋肥大は起こらない

1 **筋肥大を起こすためには、すべての種目でなくてもオールアウト（Muscular failure）まで行うセットをつくる**

2 **入門者はまずは動きや筋肉へのストレスに慣れる**

●筋持久力の向上

→負荷は軽いが回数を多くして、
もうできない！と感じるところまでやる

Why?

きつければきついほど見返りは大きい？

姿勢改善のためには追い込まない

オールアウトまで追い込むのは、とてもきついトレーニングですが、きつければきついほど、筋トレの見返りは大きいのでしょうか？

結論からいえば、筋肥大や代謝の活性化、さらには脳の反応などにおいても、きついほうが

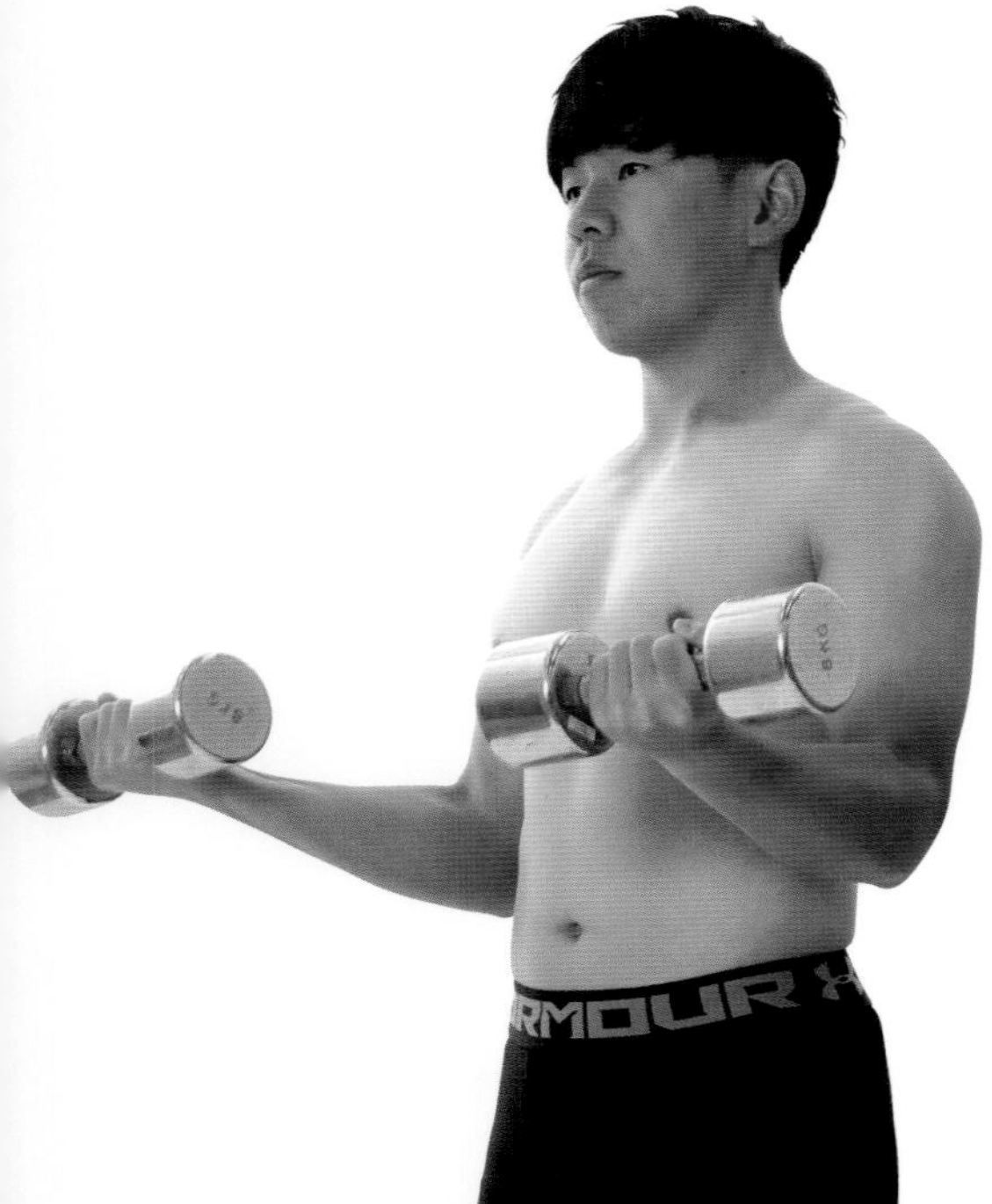

見返りは大きいといえます。

といっても、目的によっては、追い込まないほうがよい場合もあります。

例えば、姿勢や「動き」の改善を目的とした場合です。動きの改善には正しいフォームで、正しい動きができなければなりません。

このとき、追い込むまで行うと、回数をこなすことに目を奪われて、正しいフォームや動きがないがしろになってしまうのです。

それよりも、「今どの筋肉を使っているのか」といったことを細かく意識する必要があるので、追い込む手前でやめておくようにします。

動きの改善は、筋肉に動きを覚え込ませる「筋教育」だと考えましょう。

姿勢や「動き」の改善は限界までやらない

追い込むことを目的にすると間違った動きをしがち

↓

正しい動きは、どの筋肉を使っているか意識しないとできない

↓

そのためには追い込む手前でやめておく

↓

正しい姿勢や「動き」ができるようになったら、よりきつい負荷をかける

Why? 筋肉に関する理論から学ぶこと

筋力は年齢とともに低下する

筋肉に負担をかけない生活をしていると、年齢とともに、筋力は低下していきます。

例えば、20歳のときに腕立て伏せが１００回できた人は、30歳では70回、40歳では60回、50歳では50回しかできなくなります。

脚の筋力の場合は、20歳を１００%とすると、30歳で90%、40歳で70%、50歳で60%と筋力が落ちていきます。特に30歳から40歳で急激に低下することに注目してください。筋トレの必要性を感じていただけると思います。

また筋厚《きんこう》（筋肉の厚さ）の変化は男性の場合、20歳と60歳で比較すると、腹直筋（腹筋の1つ）の低下量が最も著しく、次に広背筋（背筋の1つ）、大腿四頭筋（太ももの1番大きい筋肉）と続いています。

これは運動量の減少が大きな要因です。下半身の筋肉は日常的に使われるのに対し、腹筋や背筋などの上半身の筋肉は運動量が減るので、意識的に鍛える必要があるのです。

年齢を重ねるほど筋力は落ちてくる

腕立て伏せ

20歳を100%とすると、30歳は70%、40歳は60%、50歳は50%

筋脚力

20歳を100%とすると、30歳で90%、40歳で70%、50歳で60%

＊30歳から40歳で急激に低下することに着目！

＊データはいずれも、池上（1987）より

WOW!

短時間で効率よく筋肥大を起こす

最新理論で効率よく鍛える

筋肥大を起こすには、38ページで述べた3つの要素があります。

かつては、筋トレの理論として、「筋肉へのダメージ」しかなかったため、筋肉が壊れるまでトレーニング回数を増やすというやり方が基

本になっていました。

しかし現在は、筋肉に「メカニカルテンション」を与えると、筋線維核が増えて筋肥大が起こることがわかっています。

また「代謝ストレス」によって、サテライト細胞が増殖することもわかっています。その際、筋肉に代謝ストレスをかけるために、ギリギリまで追い込まなければなりません。

この2つの理論を取り入れることによって、トレーニングのやり方も変わってきました。

従来は時間をかけ、筋肉が壊れるまでやるしかなかったのですが、今は時間がなければ、負荷を大きくするなど、新しい考え方がトレーニングに取り入れられるようになってきました。

最新理論に基づいた筋トレのやり方

従来のやり方

筋肉にダメージを与える

壊れた筋線維が回復するときに筋肥大が起こるので、筋線維が損傷するまで回数を増やす

今まではこの考え方しかなかった！

新しいやり方

筋肉へのメカニカルテンション

筋肉を伸ばすような負荷筋。線維核が増えるので、エキセントリックなトレーニングを加える

筋肉に代謝ストレスを与える

ギリギリまで追い込むことで筋肉に代謝的な負荷をかけ、サテライト細胞を増殖させる

本書で鍛えるおもな筋肉

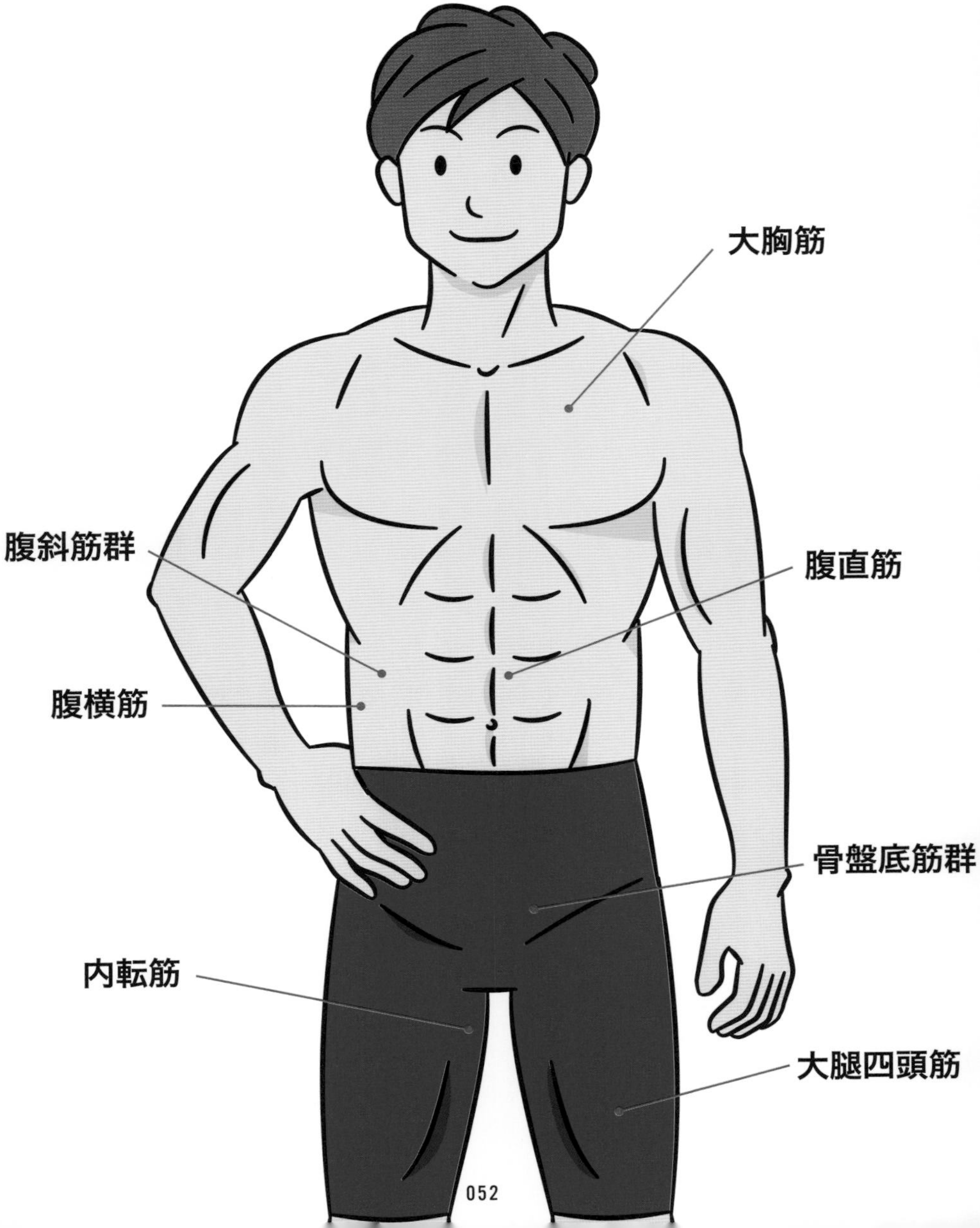

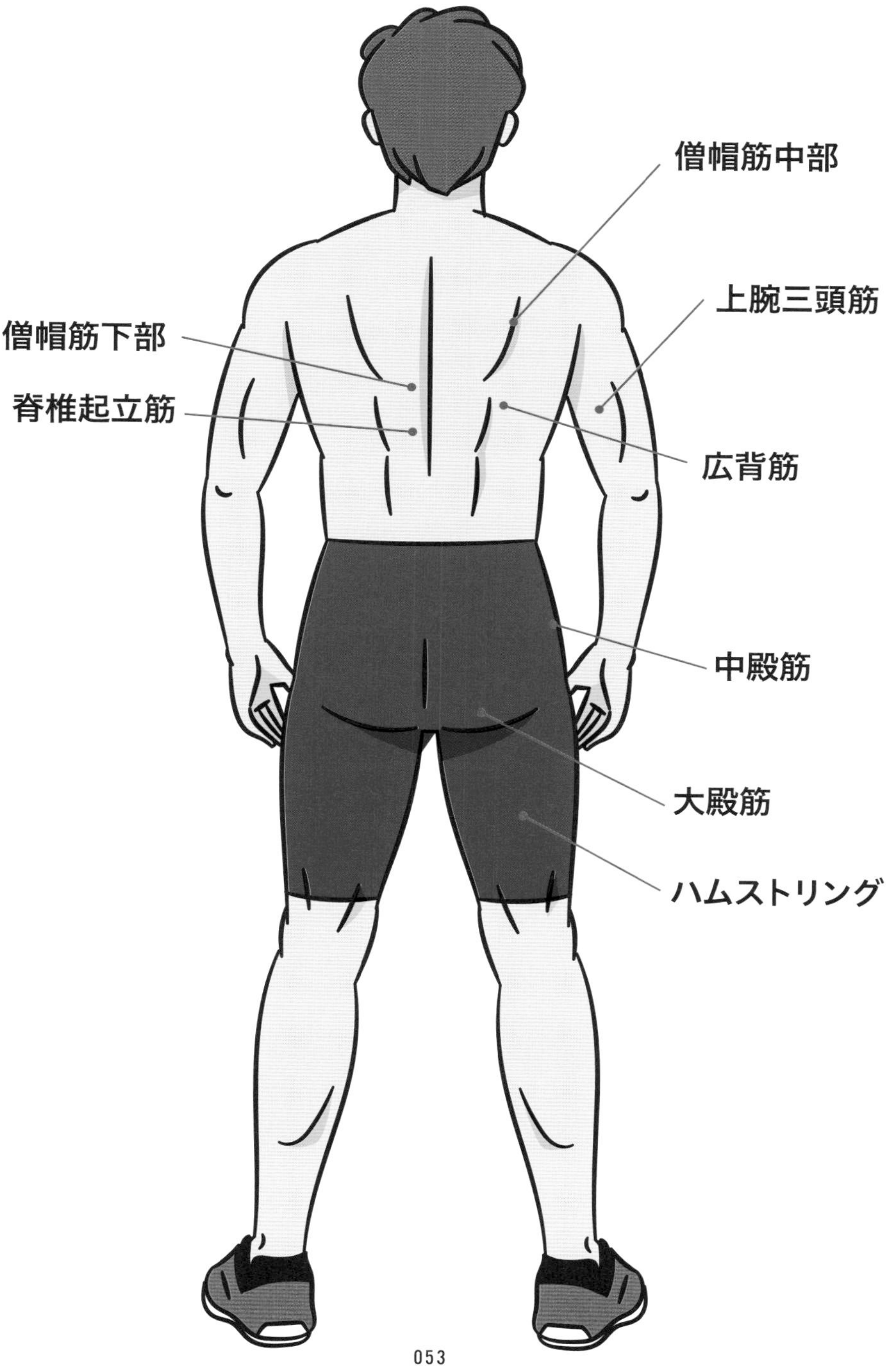

僧帽筋中部
上腕三頭筋
僧帽筋下部
脊椎起立筋
広背筋
中殿筋
大殿筋
ハムストリング

column

筋肉痛が起こるのはなぜ？痛みは出さずに続ける方法

筋トレの翌日や翌々日に起こる筋肉痛は、筋肉へのダメージにより生じる遅発性筋痛です。メカニズムは不明点がありますが、時間経過とともに痛みは解消します。

しかしトレーニングを始めた頃に筋肉痛が起こると、やめてしまう人が多いので、筋持久力のトレーニングのように軽い負荷から始めることで軽い筋肉痛をまず起こしていくことをおすすめしているのです。

また、これまで述べてきたように、筋肥大はメカニカルテンションや代謝ストレスでも起こるので、筋肉痛がないと筋が成長しないわけではありません。

最速筋トレのための５つの原則

漸進性の原則	トレーニングの負荷を、順を追って徐々に高くするというルール。過負荷の原理を適用する際に同時に意識すべきことであり、２つを合わせて漸進性過負荷と呼ぶこともある
継続性の原則	トレーニングは継続的に行わなければならないというルール。体力には可塑性があり、トレーニングを中断するとそれまでに獲得した能力が低下してしまう
意識性の原則	目的や効果を理解した上でトレーニングを実施するというルール。理解した上でトレーニングを行ったほうが、より高いトレーニング効果が得られる可能性がある
個別性の原則	個人差を考慮してトレーニングを行うというルール。これを無視した場合、トレーニング効果に差が生じるだけでなく、傷害やオーバートレーニングを引き起こす可能性がある
全面性の原則	種々の体力要素や身体部位をバランスよく全面的にトレーニングするというルール

ＰＤＣＡサイクルに則った効果的なトレーニング

「ＰＤＣＡサイクル」とは、もともと生産管理や品質管理などを継続的に改善していくための手法ですが、筋トレにも応用できます。

Ｐｌａｎ（計画）は、期間や目的を設定して、トレーニング計画を立てることです。

例えば、本書のように、期間は「３カ月」、

PDCAサイクルは回っているか？

目標は「見た目の改善」などの計画を立てます。

Ｄｏ（実行）は、計画にしたがってトレーニングを実行することです。

例えば、計画通りにできているかどうかは、筋トレ日記をつけることが有効です。

Ｃｈｅｃｋ（評価）は、計画通りにトレーニングができているかを定期的に見直すことです。

例えば、本書の基本トレーニングを続けていたけれども、正しいフォームでできないことに気づいたとします。これが評価になります。

Ａｃｔｉｏｎ（改善）は、見直すべき点を改善して計画を立て直すことです。

例えば、評価を改善するため、より負荷の低いトレーニング法に変更します。

PDCAサイクルに則ったトレーニングを

Plan（計画）

期間や目標を設定しトレーニング計画を立てる

例 期間は3カ月、目標は見た目改善、基本トレーニングを行う

Do（実行）

計画通りにトレーニングを実行する

例 計画通りにできたか筋トレ日誌をつけて実行

Check（評価）

計画通りに実行できているか定期的な評価を行う

例 基本トレーニングの負荷では正しいフォームでできていないことがわかる

Action（改善）

評価に従って計画を立て直す

例 正しいフォームで行うため、より負荷の低いトレーニング法に変更

体の現状を知る指標はＢＭＩと体脂肪率

ＰＤＣＡサイクルのＰ、計画を立てるには、自分の体の現状を知らなければなりません。それによって、個々の目標も違ってきます。

本書の目標は、理想の体型をつくること。理想の体型はＢＭＩ22（15ページ参照）です。肥満型の場合はＢＭＩの値を減らし、ガリガリ型

はＢＭＩの値を増やし、22に近づけます。

ＢＭＩは身長と体重から割り出した値なので、体脂肪率も知っておく必要があります。

標準的な体脂肪率は、30代で17〜21％、40代で18〜22％なので、範囲から外れている場合は、範囲内の体脂肪率を目指します。体脂肪率の測定は体組成計を用います。

そして姿勢のチェックも大事です。姿勢の悪さは、自分ではなかなか気づかないので、全身が映る大きな鏡に映してみたり、家族や友人に見てもらうとよいでしょう。

壁に背中につけて立ち、腰がどのくらい浮いているかをチェックする方法もあります。手のひらが完全に入るようなら反り腰です。

現状を知り、目標を設定する

1 BMIは22に近づける

→ BMIの計算方法は15ページへ

2 体脂肪率は30代は17〜21％、40代は18〜22％に

＊体脂肪率は体組成計で測定。日内変動があるので、同じ時間に測定して評価する。内臓脂肪が計れる体組成計なら、内臓脂肪は10.0未満に

3 姿勢をチェック

→猫背や腰が反っていないかをチェック

＊全身が映る鏡で評価、あるいは人に見てもらうのもよい

最速筋トレのための3つの要素

自分の体の現状を知ったら、次に目標を設定しましょう。そして目標に応じた段階的な負荷を設定します。最初から強い負荷で行うと、継続が難しい人もいます。普段運動していない人は、筋持久力から筋肥大へと強度を上げていくようにします。

ジムでのトレーニングは基本ができるようになってから

次に実際にトレーニングを始めるにあたっては、ウォーミングアップを行うことが大切です。いきなり筋トレメニューから始めると、ケガなどを引き起こす原因になります。

ウォーミングアップの基本はストレッチです。鍛えたい筋肉をしっかり伸ばし、十分なストレッチを行ってから、筋トレのメニューに入るようにしましょう。

筋トレの最初は、軽めの負荷で、正しいフォームを確認しながら行います。

自体重トレーニングの場合は、少ない回数を行うことが軽めの負荷となります。そして、まず正しいフォームを身につけることから始めましょう。

最速筋トレのための３つの要素

1 段階的な負荷設定

「基本トレーニング」ができない場合は、「できない場合」から始め、基本トレーニング、「発展系」へと負荷設定を上げてレベルアップ

2 ウォーミングアップで故障がないように

いきなり筋トレメニューを始めると、ケガなどを起こす原因に。ウォームアップとして最初に必ずストレッチを行う

3 正しいフォームで行う

最初は軽めの負荷で正しいフォームを確認し、それから主運動に入る。自体重トレーニングなら少ない回数で、まず正しいフォームを身につける

最速筋力アップの自体重筋トレメニュー

では3カ月で筋力をアップする自体重の筋トレメニューを紹介しましょう。

やるべき種目は8種目で、上半身が4種目、下半身が4種目となっています。

基本トレーニングから始めることを想定していますが、それができない場合はより軽い負荷の「できない場合」のトレーニングから始めてください。

3カ月継続して見た目の改善が実現できたら、発展系へと進みます。これはバーベルなどの重りが必要ですので、ジムに行ってやることになります。

自体重の筋トレメニュー

	できない場合	基本トレーニング	発展系（ジムで行う）
上半身	膝つけ腕立て （ワイド・ナロー）	腕立て （ワイド / ナロー）	ベンチプレス
上半身	膝つけ肩甲骨腕立て	WTY	インバーテッドロー （さらに上級はチンニング）
上半身	ブレーシング	カールアップ （正面&ひねり）	レッグレイズ
上半身	膝つけ サイドプランク	サイドプランク	サイドベント
下半身	スクワット	ブルガリアン スクワット	バック・スクワット （フロント・スクワット）
下半身	ルーマニアン デッドリフト	デッドリフト	デッドリフト
下半身	ラテラルスクワット	サイドランジ	バック・ラテラル スクワット
下半身	ツイスト・ランジ	3D ランジ	ダンベル・ 3D ランジ

最速筋トレのための1週間プログラム

1週間単位で、どのように筋トレメニューを実行するか、自分のプログラムをつくります。67ページで紹介した8種目は上半身と下半身のトレーニングに分けられますが、1日に8種目行ってもよいですし、時間がとれなければ、別の日に分けて行ってもかまいません。

また筋持久の段階から筋肥大に進んだ場合も、筋肥大と筋持久と組み合せたプログラムをつくることができます。これに有酸素運動を組み合わせて、自分用の1週間プログラムをつくってみましょう。なお完全休養日を必ず設け、1～2日は休みましょう。

上半身と下半身を分けたプログラム例

月	上半身と下半身の筋持久力
火	下半身の筋肥大
水	上半身の筋肥大
木	休養日
金	下半身の筋肥大
土	上半身の筋肥大
日	休養日

筋持久力と筋肥大を合わせたプログラム例

月	筋持久力
火	筋肥大
水	休養日
木	筋肥大
金	休養日
土	筋肥大
日	休養日

基本トレーニング

腕立て

ワイドスタンス（大胸筋を中心に鍛える）

鍛える筋肉

大胸筋
上腕三頭筋

筋持久力

20回×3～5セット

筋肥大

4秒で下ろし、2秒で上げる
10～15回×3～6セット

頭から踵までまっすぐ
腕は胸の横に
手は少し外を向いて床に置く
正面

1 手を床におく

腕は胸の横に置き一番深い姿勢のときに肘が90度以上になるようにする

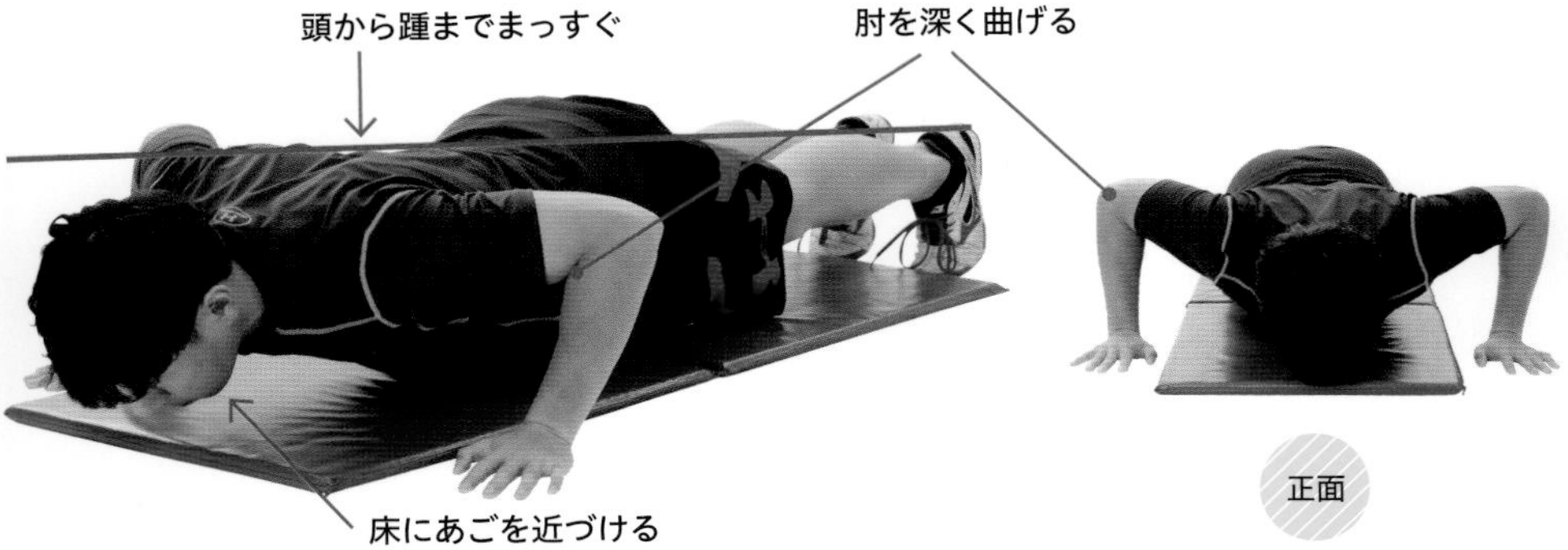

頭から踵までまっすぐ
肘を深く曲げる
床にあごを近づける
正面

2 腕を曲げる

頭から踵までまっすぐに保ちながら腕を曲げ、**1**の姿勢に戻る。**1**～**2**を目標の回数、セット数行う

PUSH-UP

ナロースタンス
(上腕三頭筋を中心に鍛える)

頭から踵までまっすぐ
脇をしめる
腕は胸の横に

1 手を床におく

脇をしめるように手を胸の横に置く

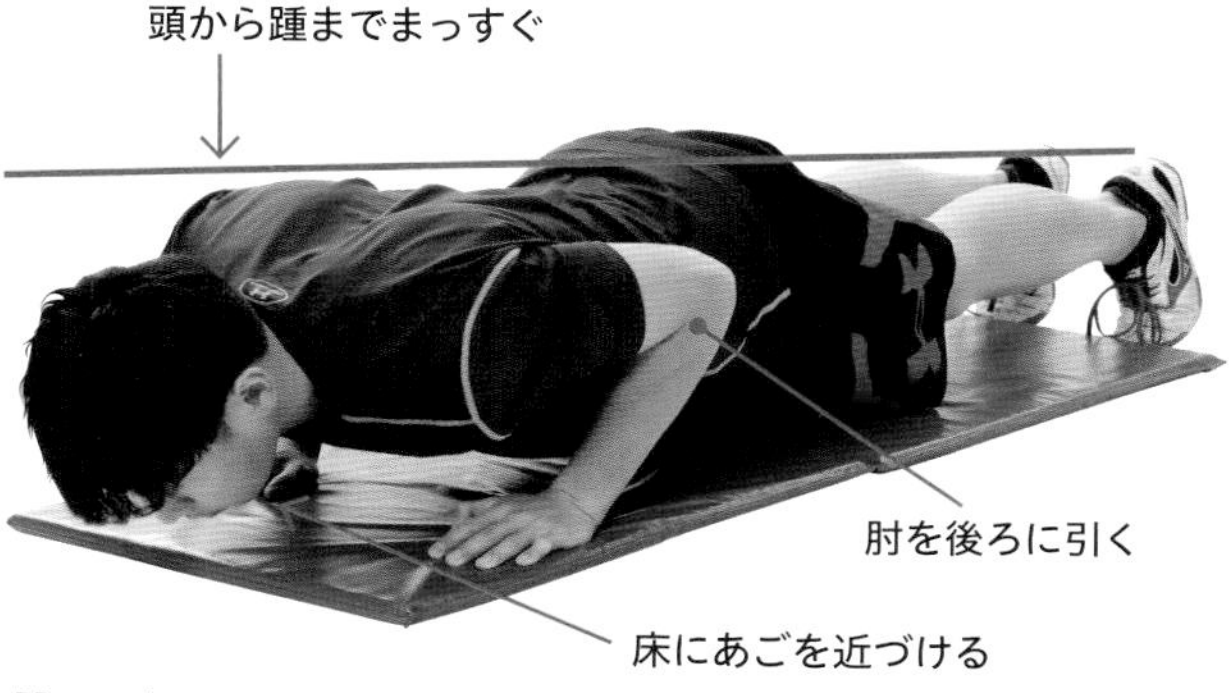
頭から踵までまっすぐ
肘を後ろに引く
床にあごを近づける

2 腕を曲げる

頭から踵までまっすぐに保ちながら肘を後ろに引くように曲げ、**1**の姿勢に戻る。
1～**2**を目標の回数、セット数行う

典型的なフォーム不良

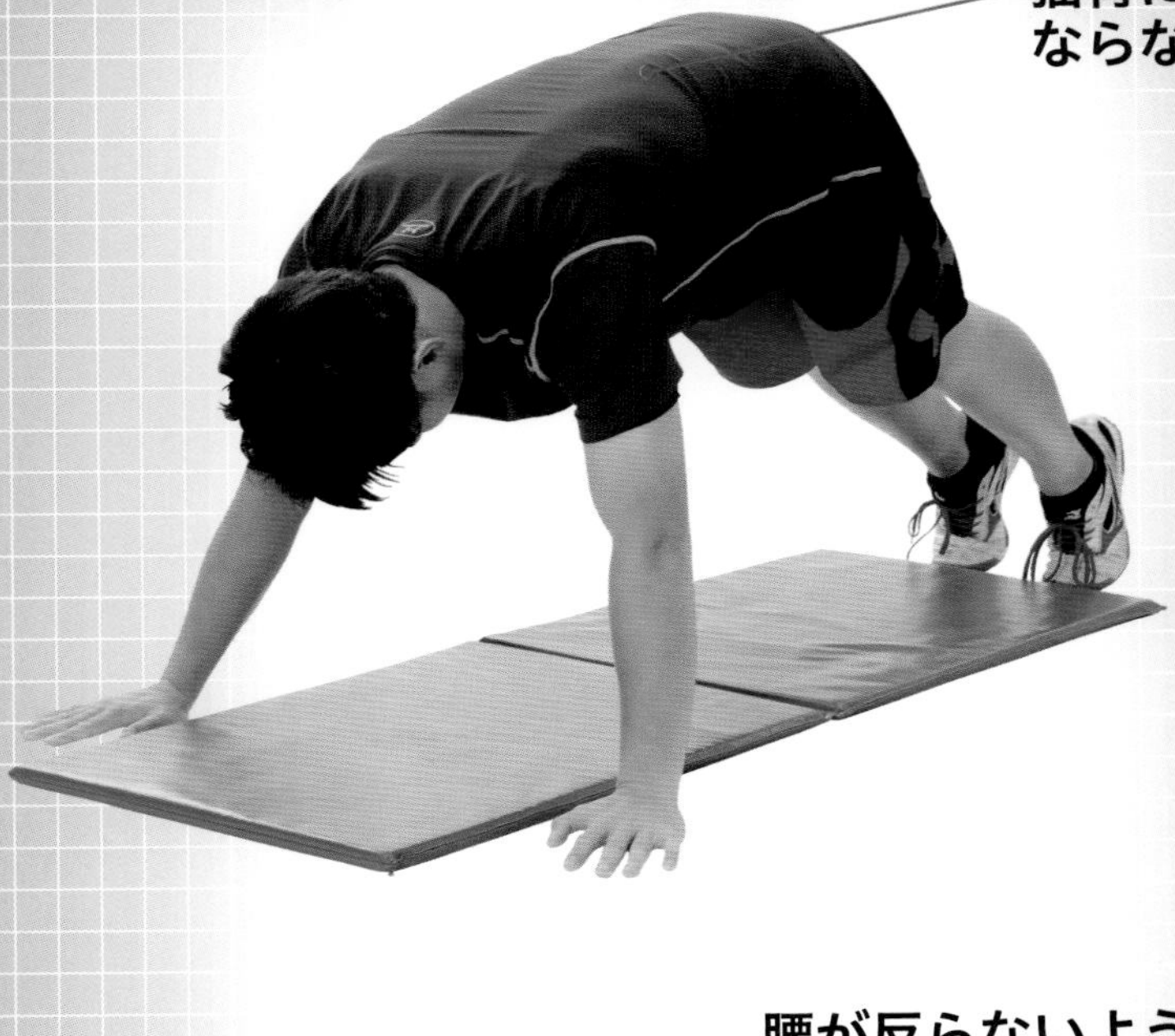

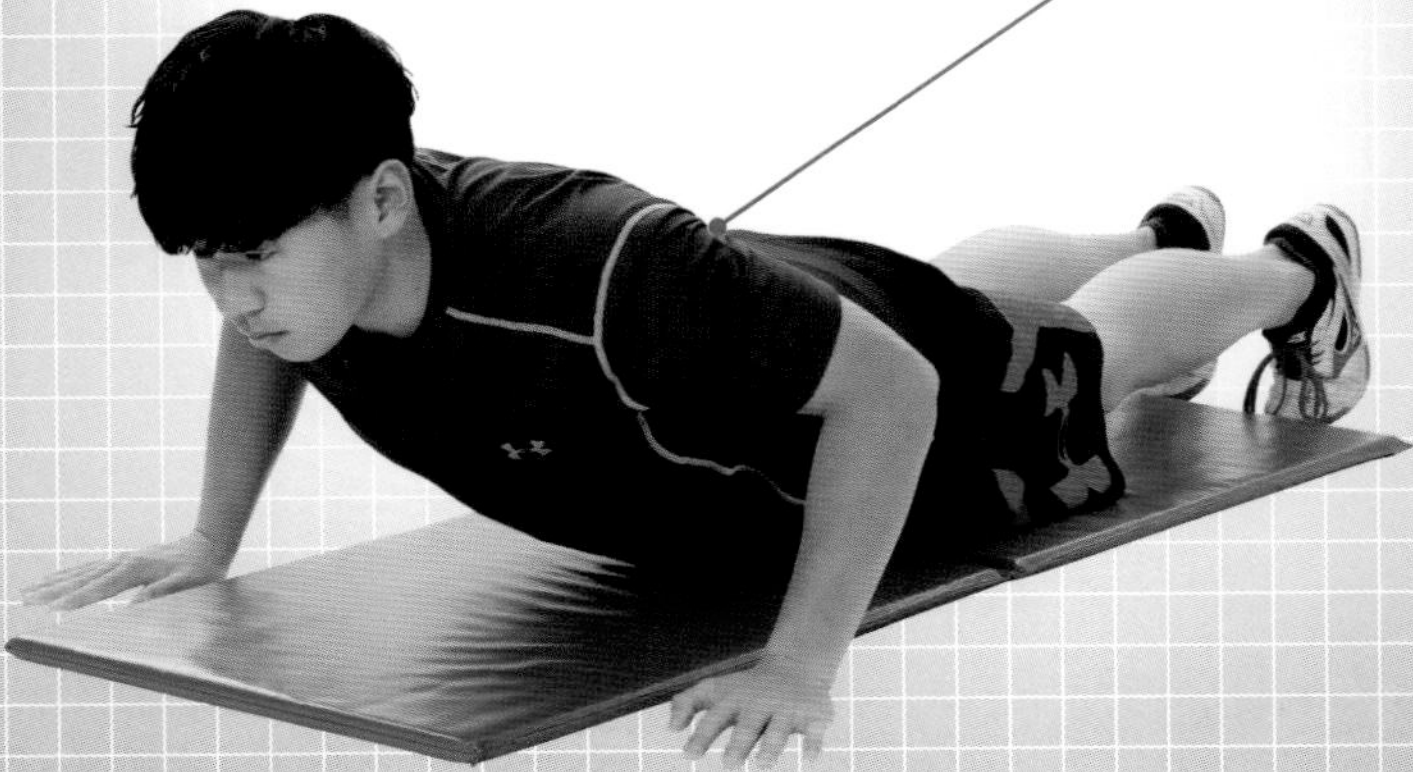

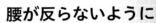

右肘がへそに近づくように
反動をつけない

左肘がへそに近づくように
反動をつけない

3 左右にひねる

1～**2**を終えたら、同じようにして左右にひねる。ひねるときは左右の肘をそれぞれへそに近づくようにする。これも目標の回数、セット数を行う。実施が楽にできるようになったら手を頭の後ろに置いて行う

手を胸にあてて できない人は

手を太ももにあてる

手を胸にあててできないときはももに当てて行う。

典型的なフォーム不良

腰が反らないように

★ フォームについて気をつけたいこと

慣れていない人は、上半身が起き上がりすぎることがよくありますので十分注意をしてください。起き上がりすぎたフォームは、結果的に、上で休んでしまっているので、十分な効果が期待できません

基本トレーニングができない人は

ブレーシング

鍛える筋肉

横隔膜
腹横筋
腹斜筋群
骨盤底筋群

20回×3〜5セット

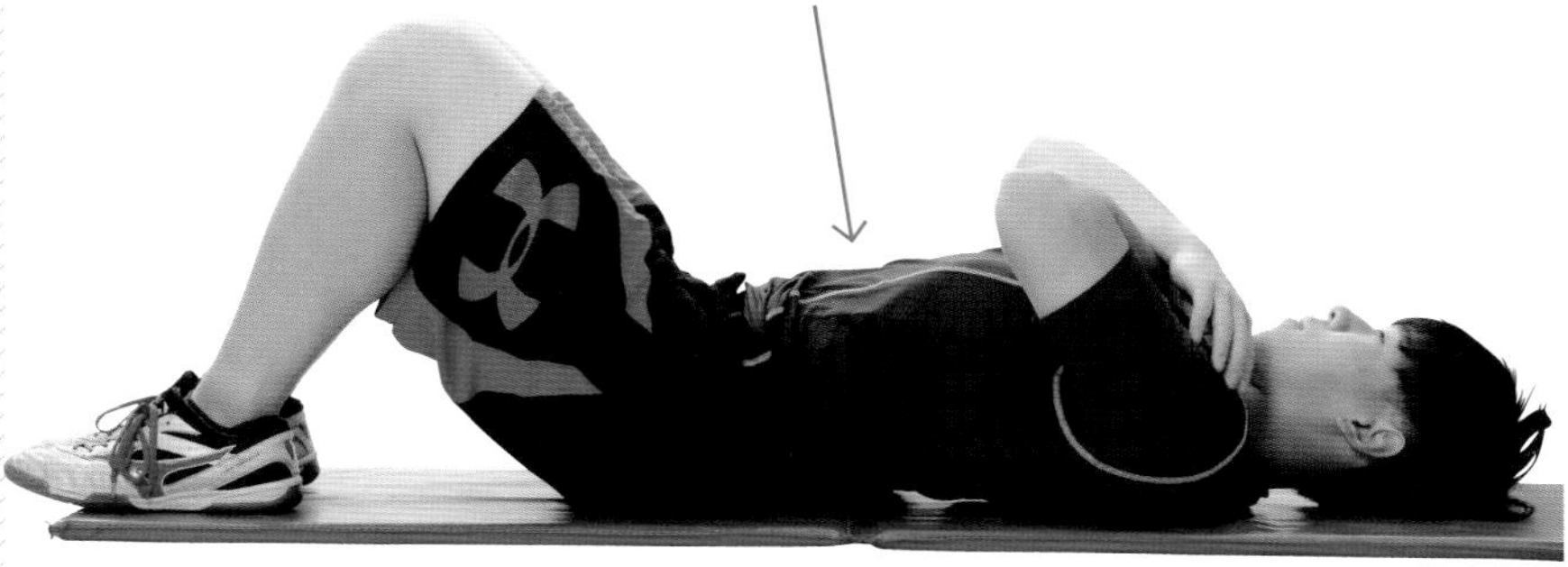
あおむけに寝る

おなかに力を入れていく

あおむけになり、息を吐きながら、おなかの中心から前後左右、全体に向けて圧を高めていく。これを目標の回数、セット数を行う

ポイント

体幹全体の筋を使うように意識する。おへそや背骨の両側に手を置いて均等に力が入っていることを確認しながら行ってもよい

お腹の中心から前後左右、全体に向けて圧を高める
息を吐きながらお腹の圧を高める

＊四つ這い、立位、おなかに力を入れながら手足を動かすなど徐々に発展させていくとよい

鍛える筋肉

腹直筋
腹斜筋群

発展系トレーニング（ジムなどで行う）

レッグレイズ

2～3秒で上げて2～4秒で下げる
10～30回×3～5セット

膝は90度
手はベンチプレスをつかむ
股関節は90度

1 あおむけに寝て膝を曲げる

あおむけに寝て膝と股関節を約90度に曲げる

息を吐きながら
↑↑
足を伸ばす
腰骨を床につける

2 息を吐きながら戻す

息を吐きながら腰骨をベンチにつけ、そのまま脚を伸ばし、元の位置に戻す。**1**～**2**を目標の回数、セット数行い、**3**に移る

LEG RAISE

3 足を左右にひねる

1～**2**を終えたら同じようにして左右にひねる。ひねるときは股関節でひねり、腹斜筋が使われていることを意識する。これも目標の回数、セット数を行う。

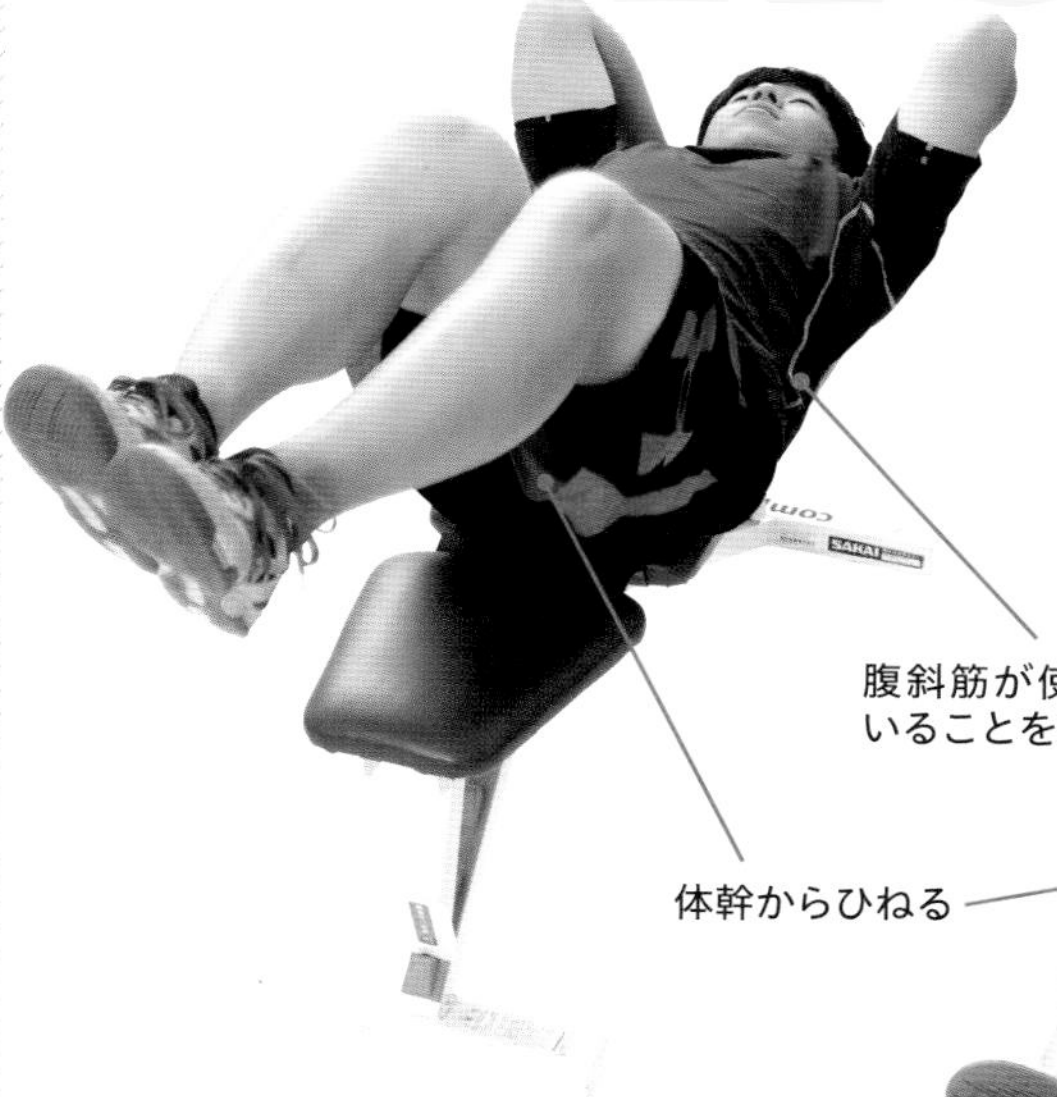

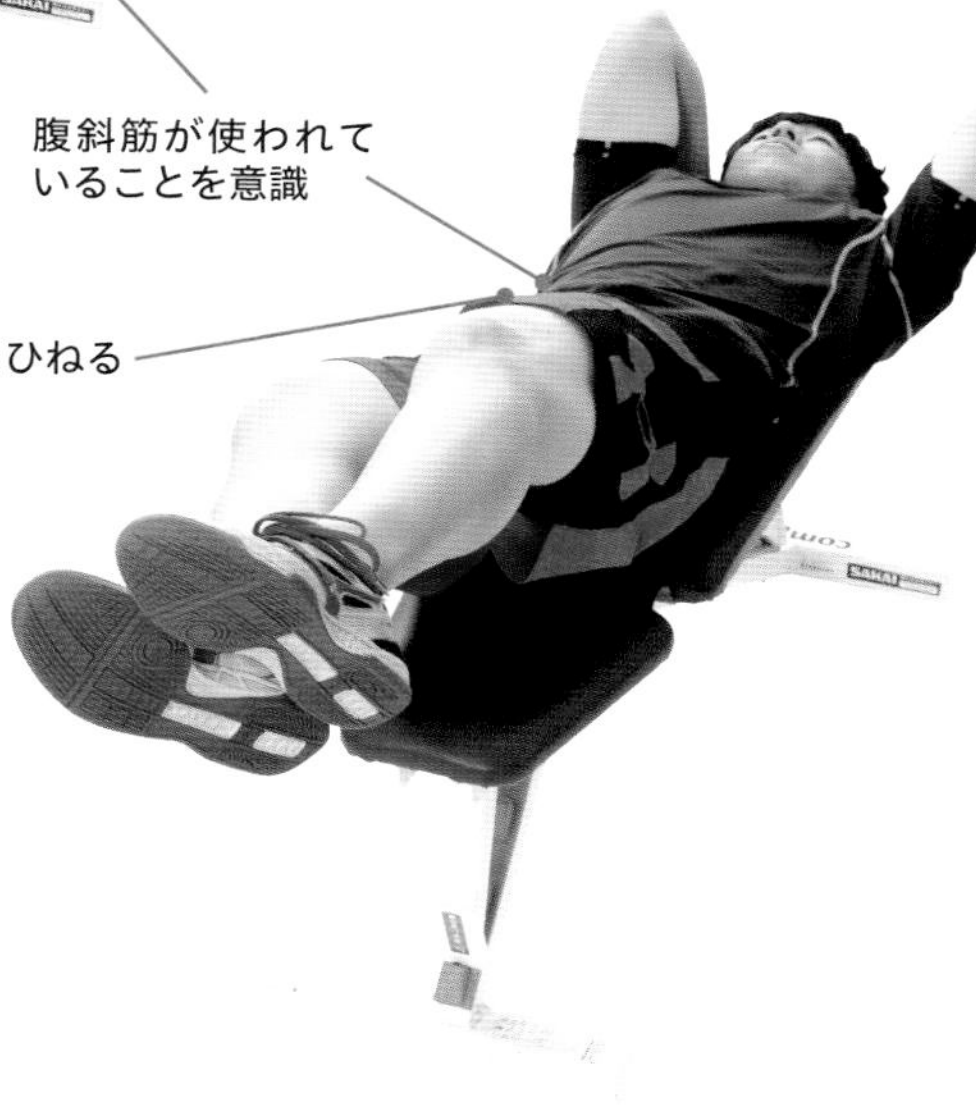

腹斜筋が使われていることを意識

体幹からひねる

＊脚を伸ばす途中で腰が浮いてしまったらそこでやめて戻す。腰を反らないように注意する

典型的なフォーム不良

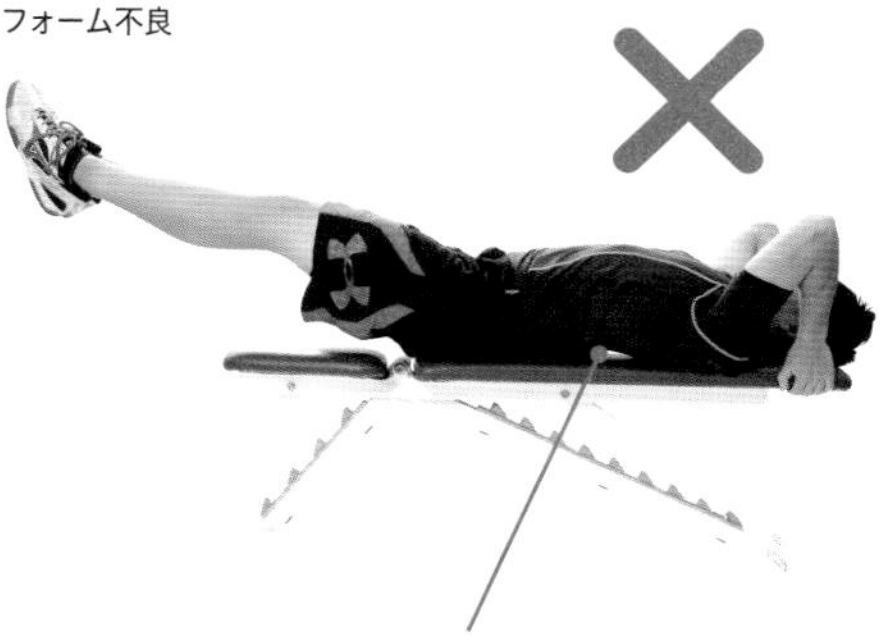

腰が反ったまま行わない

腰は床についている

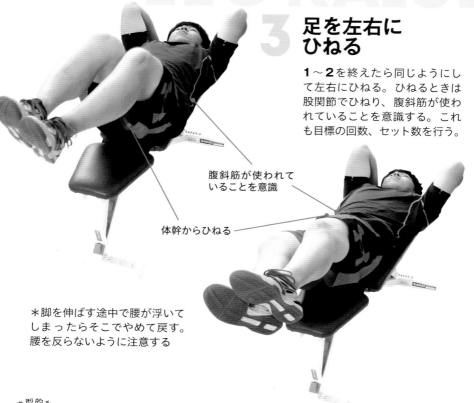

鍛える筋肉

腹斜筋
中殿筋

腰を上げた状態で2～3秒保持×10～20回×3セット

基本トレーニング

サイドプランク

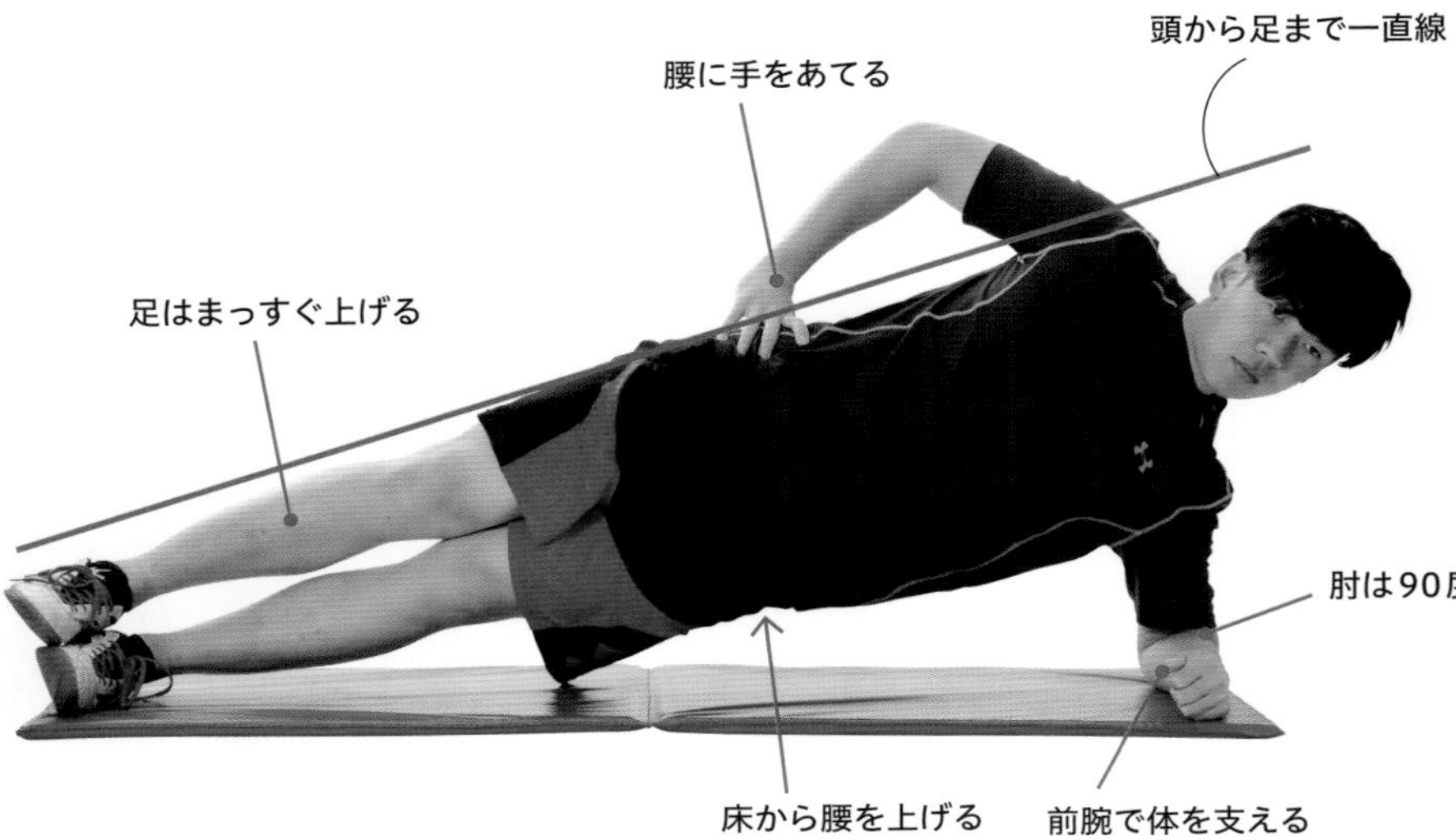
頭から足まで一直線
腰に手をあてる
足はまっすぐ上げる
肘は90度
床から腰を上げる
前腕で体を支える

1 横に寝て肘で体を支える

膝を伸ばし、身体を真っ直ぐにして横に寝る。次に下側の肘を肩の真下に置き、肘を約90度に曲げて前腕で体を支える。そして、上側の脚をまっすぐ上げながら、腰を床から上げ、頭から足まで一直線になるようにする

基本トレーニングができない人は

スクワット

鍛える筋肉

大殿筋
ハムストリング
大腿四頭筋

筋持久力

20回×3～5セット

1 足を開いて立つ

足を肩幅より広く開き、爪先を少し外側に向ける。手は腰にあてる（もしくは後頭部に当てる）

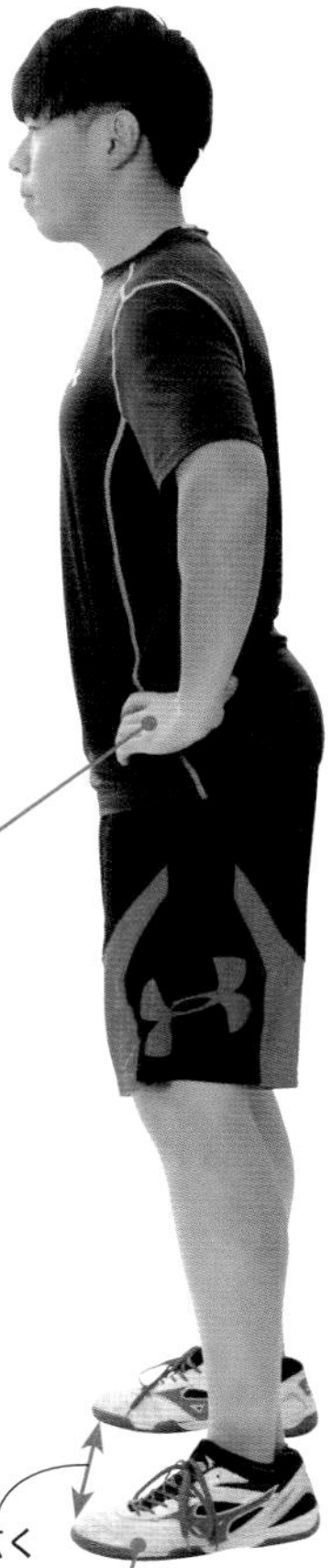
手は腰に
あてる
足は肩幅より広く
つま先は少し外側に

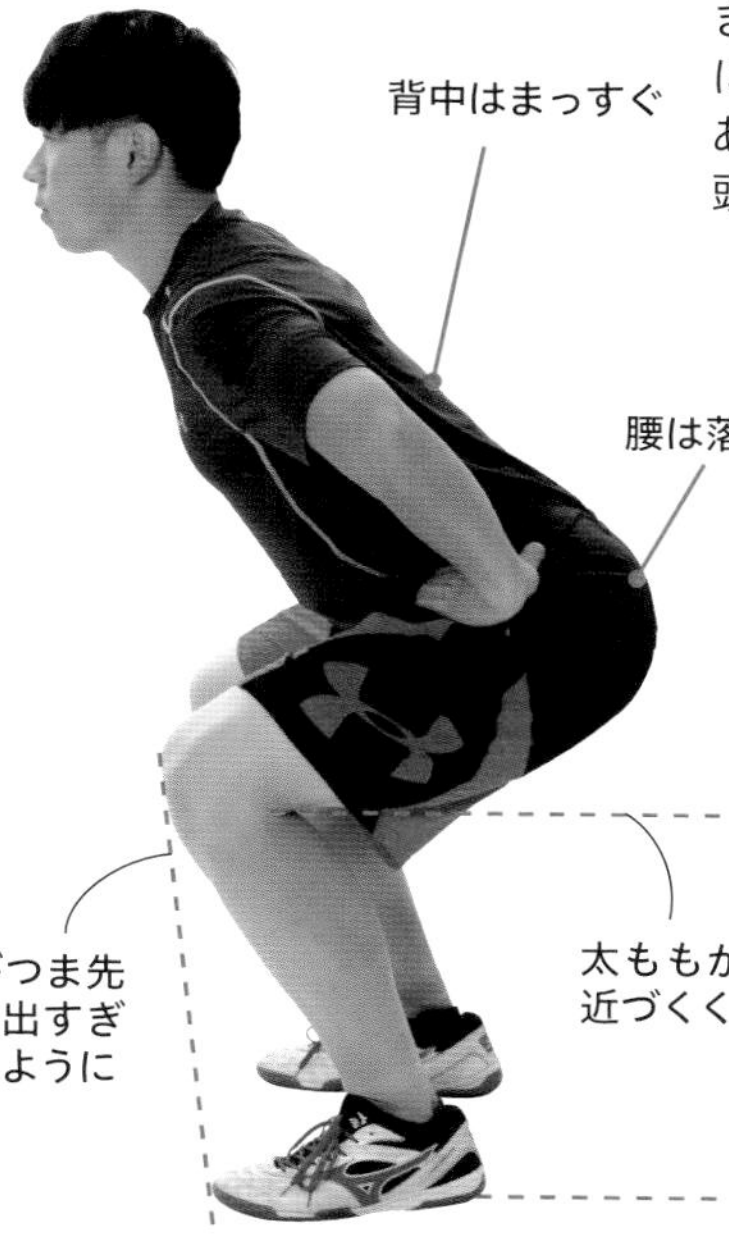
背中はまっすぐ
腰は落とす
膝がつま先
より出すぎ
ないように
太ももが床と平行に
近づくくらいまで

2 背中を曲げずに腰を落とす

背中をまっすぐにしたまま、股関節を引き込むように太ももが床と平行に近づけるまで腰を下げる。これを目標の回数、セット数行う。もう一方の足も同様に行う

発展系トレーニング（ジムなどで行う）

バック スクワット

鍛える筋肉

大殿筋
ハムストリング
大腿四頭筋

筋持久力

20回×3～5セット

筋肥大

6～12回をぎりぎりできる重さで2～4秒でおろし、1～3秒であげる。6～12回×3～6セット。セット間の休息時間は約1分

1 バーを首の後ろに置いて立つ

足を肩幅より広く開き、爪先を少し外側に向け、バーを首の付け根の後ろに置き、両手で握る。後ろでバーを持つと背中が丸まってしまう人は前で持つ（フロントスクワット）

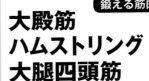

BACK SQUAT

膝がつま先よりも前
に出すぎないように

背中はまっすぐ

太ももが
床と平行に

股関節を
引き込むように

2 背中を曲げずに腰を落とす

肩甲骨を寄せて背中をまっすぐにしたまま、股関節を引き込むように太ももが床と平行に近づくくらいまで腰を下げる

典型的な
フォーム不良

太ももが地面
と平行になっ
ていない

鍛える筋肉

大殿筋
ハムストリング
脊柱起立筋

基本トレーニング

デッドリフト（タオル）

筋持久力

20回x 3～5セット

筋肥大

タオルの代わりにペットボトルをもち2～4秒で下げて1～3秒で上げる。左右各10～15回×3～6セット

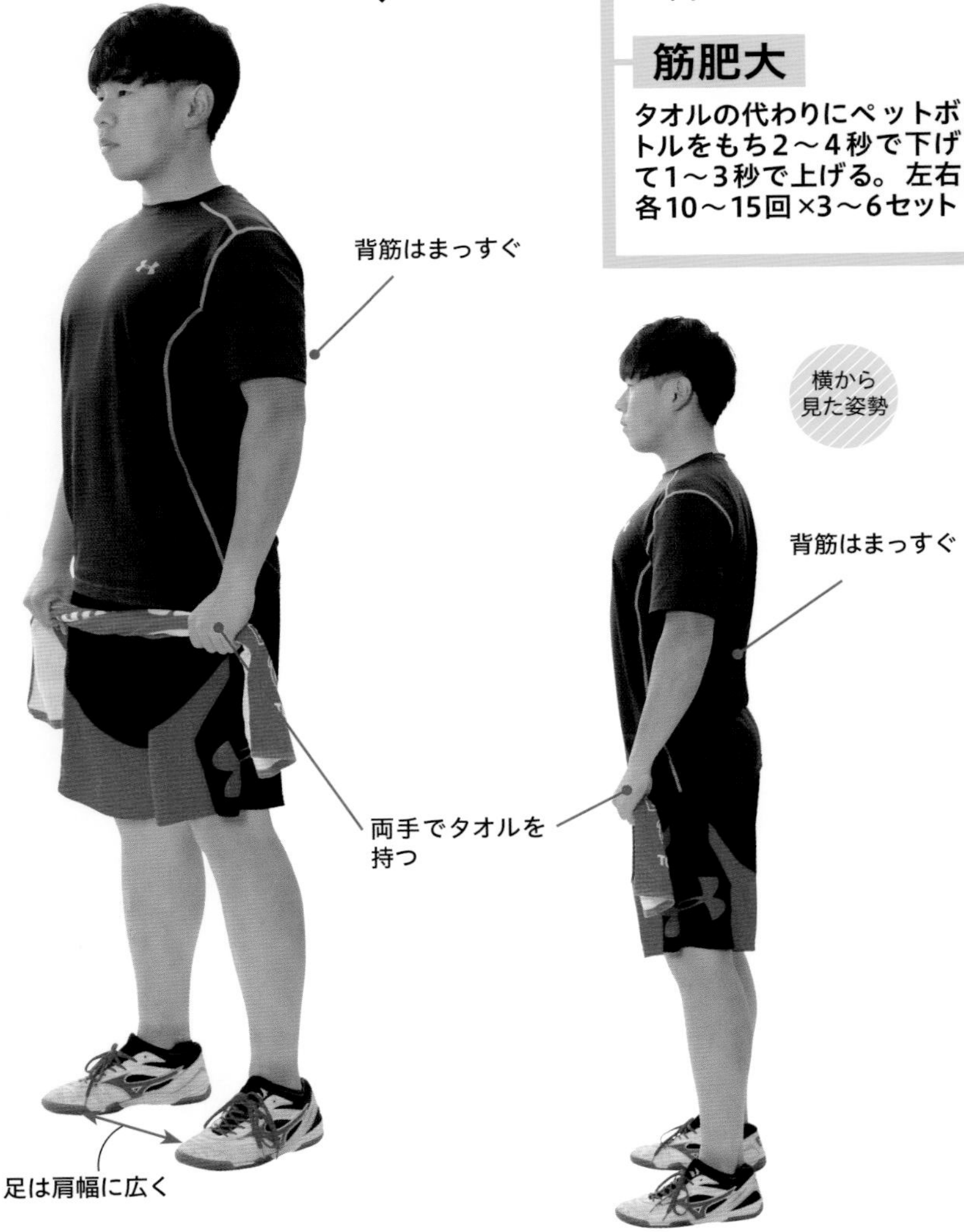

背筋はまっすぐ
両手でタオルを
持つ
足は肩幅に広く
横から
見た姿勢
背筋はまっすぐ

1 タオルを持って立つ

タオルを両手で持ち、足を腰幅に開いて立ち、背筋をまっすぐに保つ

TED LIFT

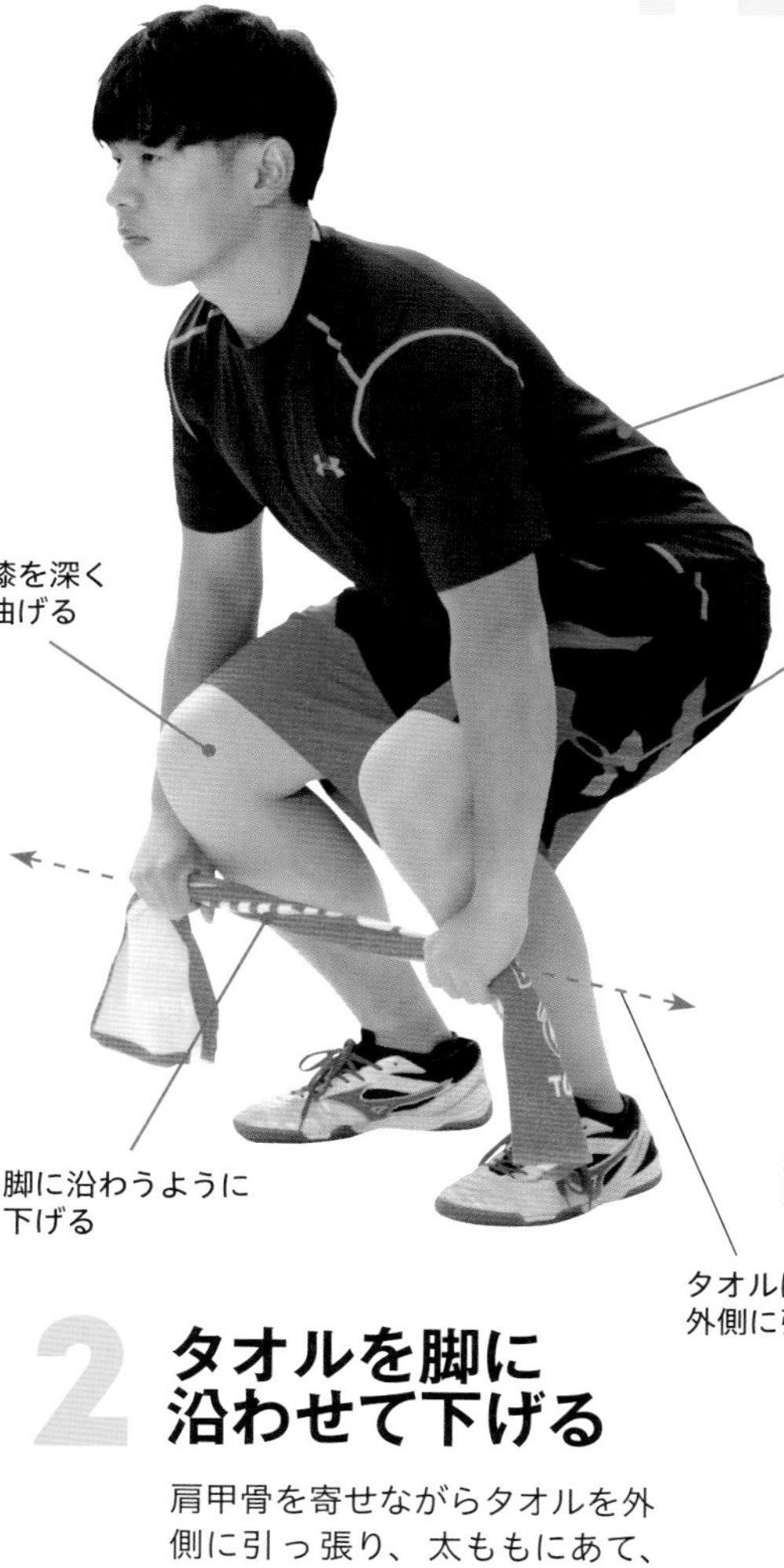
背筋はまっすぐ保つ
膝を深く
曲げる
股関節を
中心に曲げる
脚に沿わうように
下げる
タオルは
外側に引く

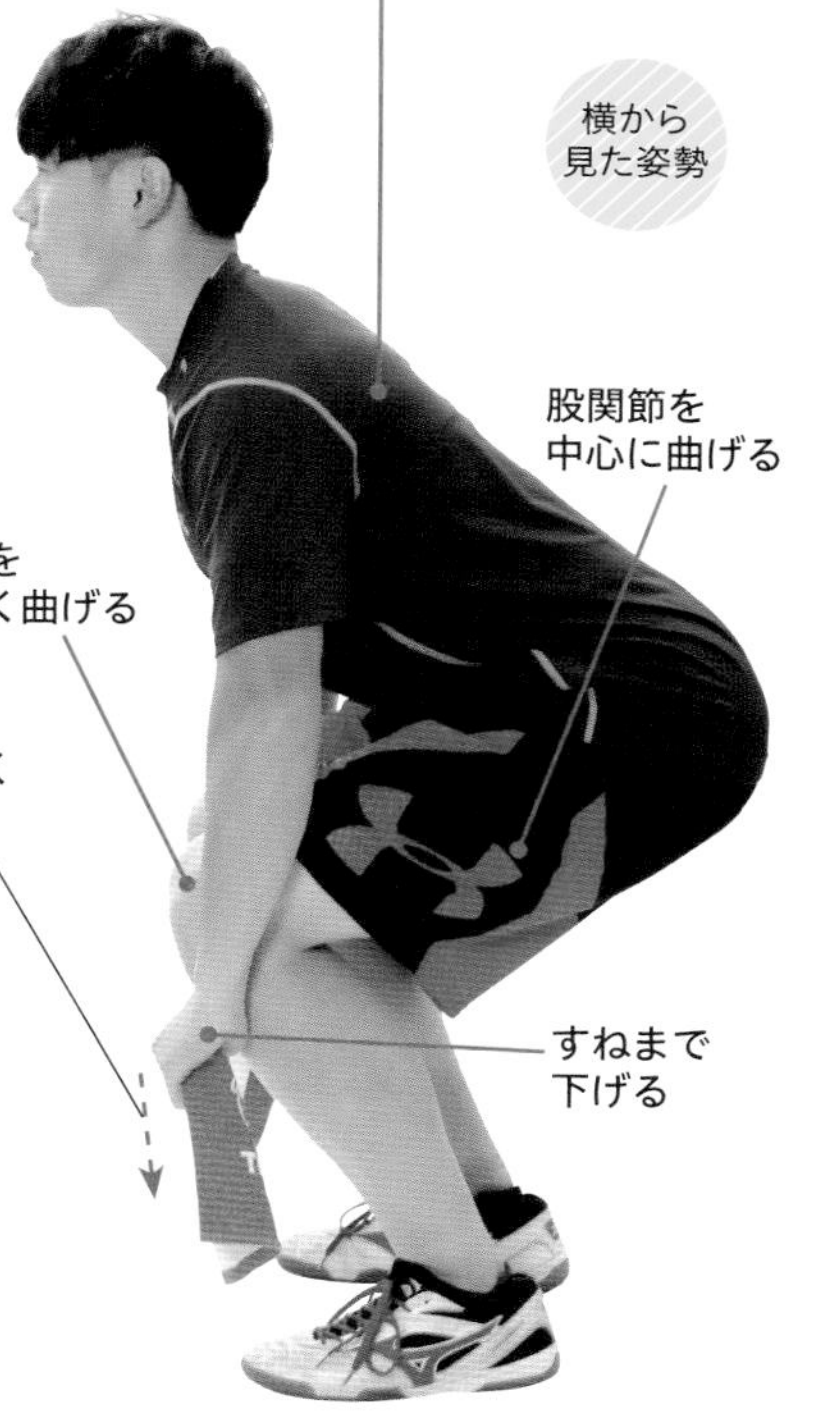
横から
見た姿勢
股関節を
中心に曲げる
膝を
深く曲げる
すねまで
下げる

2 タオルを脚に沿わせて下げる

肩甲骨を寄せながらタオルを外側に引っ張り、太ももにあて、さらにタオルを脚に沿わせながら、すねまで下げる。股関節を中心に曲げながら膝も深く曲げる。深く下げたら股関節と膝関節を使って**1**の姿勢に戻る

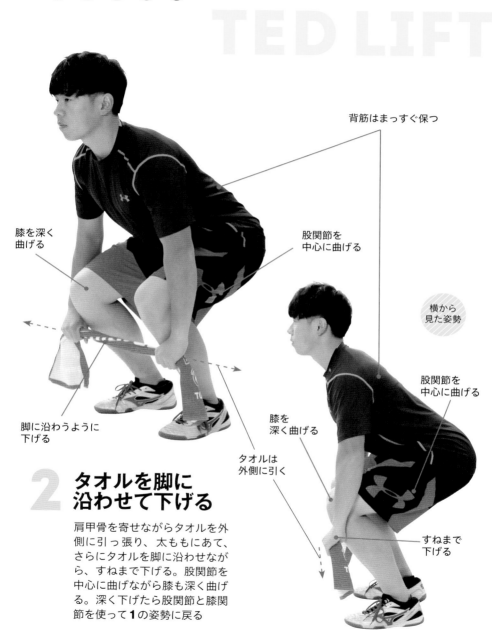

典型的なフォーム不良

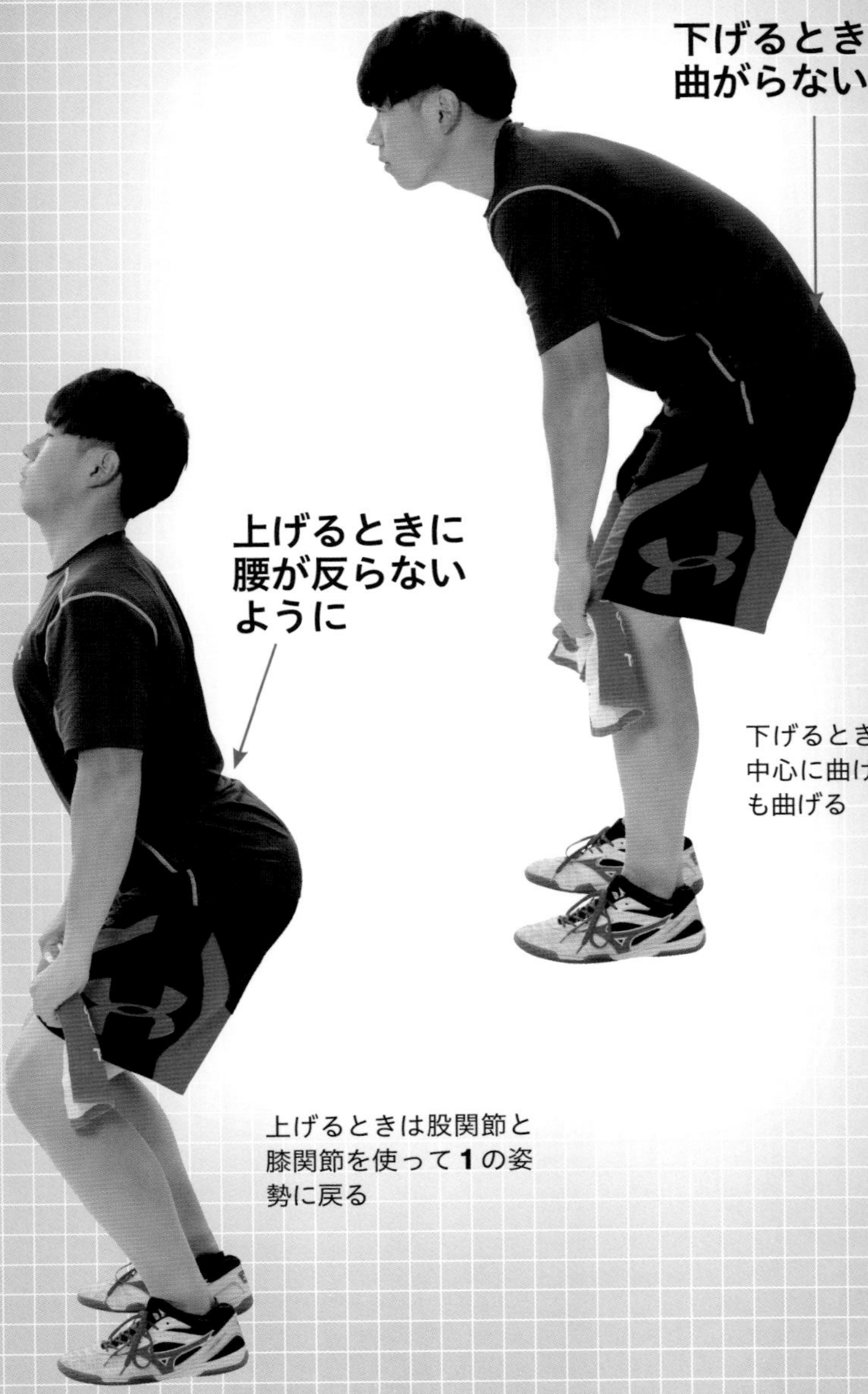
下げるときに腰が
曲がらないように
上げるときに
腰が反らない
ように

下げるときは股関節を中心に曲げながら、膝も曲げる

上げるときは股関節と膝関節を使って**1**の姿勢に戻る

BACK LATERAL SQUAT

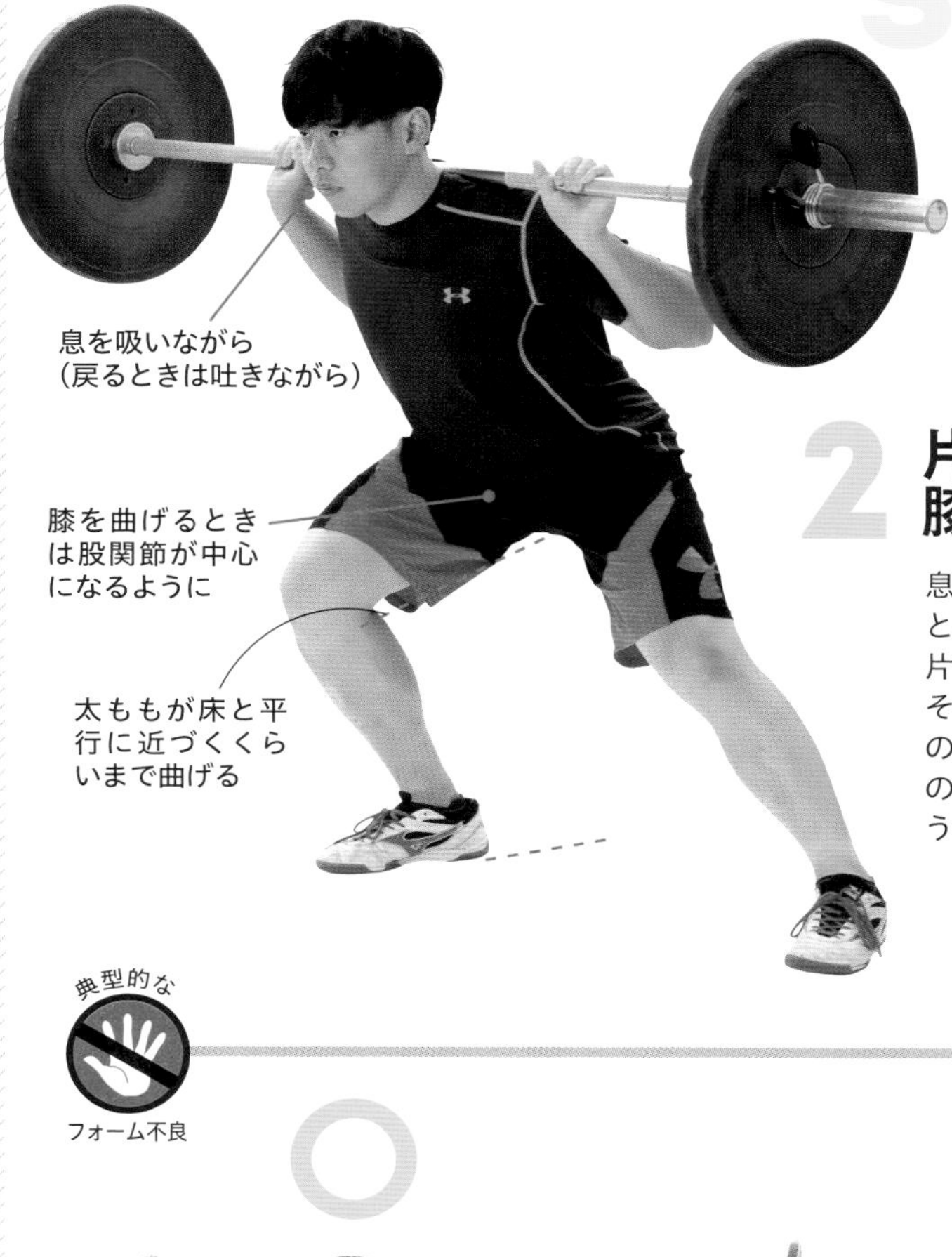
息を吸いながら
(戻るときは吐きながら)
膝を曲げるとき
は股関節が中心
になるように
太ももが床と平
行に近づくくら
いまで曲げる

2 片方の股関節と膝を曲げる

息を吸いながら太ももが床と平行に近づくくらいまで片方の股関節と膝を曲げる。そして、息を吐きながら**1**の位置に戻る。これを目標の回数、セット数行う。もう一方の足も同様に行う

典型的な フォーム不良

○

体幹が
まっすぐ

×

骨盤が外に流
れないように
体幹が側屈しな
いように

基本トレーニング

3Dランジ

鍛える筋肉

殿筋群
大腿四頭筋
ハムストリング
腹斜筋群

協調性

10～20回×3 ～5セット
（ペットボトルを持って負荷をかけてもよい）

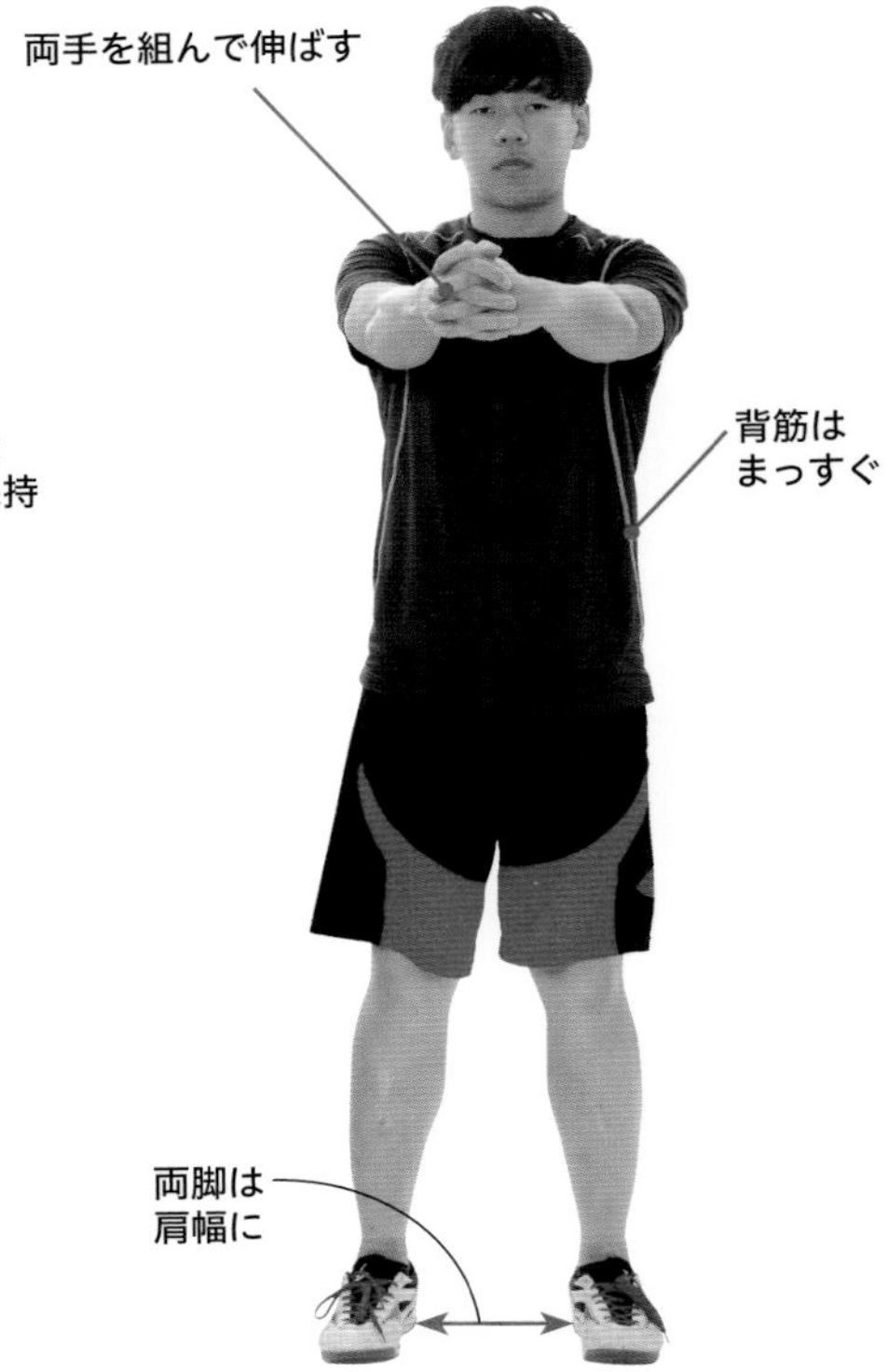
両手を組んで伸ばす
背筋は
まっすぐ
両脚は
肩幅に

1 両手を組んで伸ばして立つ

両手を組んで伸ばして立ち、顔は前を向く。つねに骨盤から上は同じ姿勢を保持することを心がけて

骨盤から上は
同じ姿勢を保持
足を前に踏み出す

2 片脚を前に踏み出す

片脚を前に踏み出し、深い姿勢になったら**1**の姿勢に戻る

3D LUNGE

骨盤から上は
同じ姿勢を保持
横に踏み出す

3 横に踏み出す

次に横に踏み出し、深い姿勢になったら**1**の姿勢に戻る

骨盤から上は
同じ姿勢を保持
反対側にひねるように踏み出す

4 反対側にひねるように踏み出す

今度は反対側にひねるように踏み出し、深い姿勢になったら戻る。**1**～**4**を目標の回数、セット数行う。もう一方の足も同様に行う

典型的なフォーム不良

骨盤が外に
流れないように
バランスを崩さないように
体幹が側屈
しないように
腰が曲がら
ないように
深い姿勢時に膝が
内側に入らないように

基本トレーニングができない人は

ツイスト・ランジ

鍛える筋肉

殿筋群
大腿四頭筋
ハムストリング
腹斜筋群

協調性

10～20回×3～5セット
（ペットボトルで負荷をかけてもよい）

1 両手を組んで伸ばして立つ

両手を組み、前に伸ばして立つ

両手を組み
前に伸ばす

2 片足を踏み出す

片脚を前に踏み出しながら、腕を踏み出した側にひねる。深く踏み込んだら、しっかりと足裏全体で床を蹴って**1**の姿勢に戻る。これを左右交互に、目標の回数、セット数行う

顔は前を
向いたまま
腕をひねる
踏み込み脚は
膝と股関節が
90度くらいに
なるように
戻るときは
床を蹴って

発展系トレーニング（ジムなどで行う）

ダンベル・3Dランジ

鍛える筋肉

殿筋群
大腿四頭筋
ハムストリング
腹斜筋群

協調性

10～20回×3～5セット

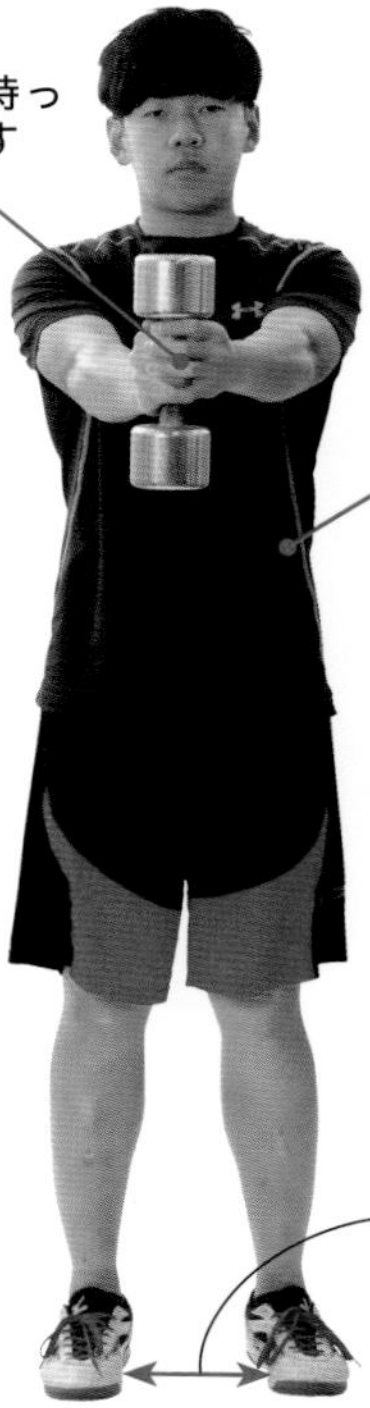

ダンベルを持った手は伸ばす
背筋はまっすぐ
両脚は肩幅に

1 ダンベルを持って立つ

ダンベルを胸の前で持ちまっすぐ伸ばす。顔は前を向く。常に骨盤から上は同じ姿勢を保持することを心がける

骨盤から上は同じ姿勢を保持
足を前に踏み出す

2 片足を前に踏み出す

片脚を前に踏み出し、深い姿勢になったら**1**の姿勢に戻る

DUMBBELL 3D LUNGE

骨盤から上は
同じ姿勢を保持
足は横に
踏み出す
反対側にひねる
ように踏み出す

2 反対側にひねるように踏み出す

今度は反対側にひねるように踏み出し、深い姿勢になったら戻る。**1**～**4**を目標の回数、セット数行う。もう一方の足も同様に行う

3 片足を横に踏み出す

次に片足を横に踏み出し、深い姿勢になったら**1**の姿勢に戻る

典型的な
フォーム不良

○
×
○
×
バランスを
崩さない
ように
骨盤が外に
流れないように
深い姿勢時に膝
が内側に入らな
いように
腰が曲がら
ないように
体幹が側屈
しないよう
に

トレーニングの疑問に答える Q&A

１人で筋トレを始めていると、自分のやり方が正しいのか、いろんな疑問がわいてくるかもしれません。

そこで、Ｑ＆Ａ形式で、初心者からよく寄せられる疑問に対して、回答を用意したので参考にしてください。

Q 続けて100回と30回を3セットではどちらが効果的か？

A 100回できる人は100回やる

「１００回できる人」と「30回しかできない人」では、意味が全然違ってきます。

仮に１００回ギリギリできるのであれば、１００回がその人のオールアウトなので、１００回続けてやらないと効果がありません。

逆に30回しかできない人は、そもそも１００回続けることは不可能なので、30回を３セット行うことになるでしょう。

ただし自体重で１００回がオールアウトなら、負荷としては軽すぎるので、「発展系トレーニング」のように、重りを用いて、より高い負荷をかけるべきでしょう。

column

有酸素運動をプラスするときのコツ

ランニングやウォーキング、サイクリング、水泳などの有酸素運動は、内臓脂肪などの体脂肪を減らす効果があるだけでなく、心肺機能を高めて長く走り続けることができる、といった持久力を高める効果もあります。

筋トレ（無酸素運動）と有酸素運動は、目的が異なるので、できれば両方やることをおすすめします。

ただし有酸素運動にも、ランニングやジョギングなど運動強度が高いものから、ウォーキングのような強度が低いものまでさまざまです（31ページ参照）。有酸素運動をプラスする場合は、強度が低いものから始めるとよいでしょう。

第3章

筋肉を最速で強化する食事と生活習慣

筋肉を増やす栄養素「たんぱく質」をとる

筋肉の材料となる栄養素は、たんぱく質です。

食べ物に含まれるたんぱく質は、アミノ酸に分解されて体内に吸収された後、たんぱく質に再合成されます。

厚生労働省の日本人の食事摂取基準によると、成人男性は1日60ｇが推奨量となっています。

1日のたんぱく質摂取量

身体的活動	体重1kg あたりのたんぱく質摂取量（g）
軽度の運動をしている人	0.8 ~ 10
中強度の運動をしている人	1.0 ~ 1.5
高強度の運動をしている人	1.5 ~ 2.0
持久系のトレーニングをしている人	1.2 ~ 1.4
レジスタンストレーニングをしている人	1.6 ~ 1.7

＊鈴木志保子『理論と実践スポーツ栄養学』日本文芸社（2018年）より

筋トレ日記をつけると自信がつく

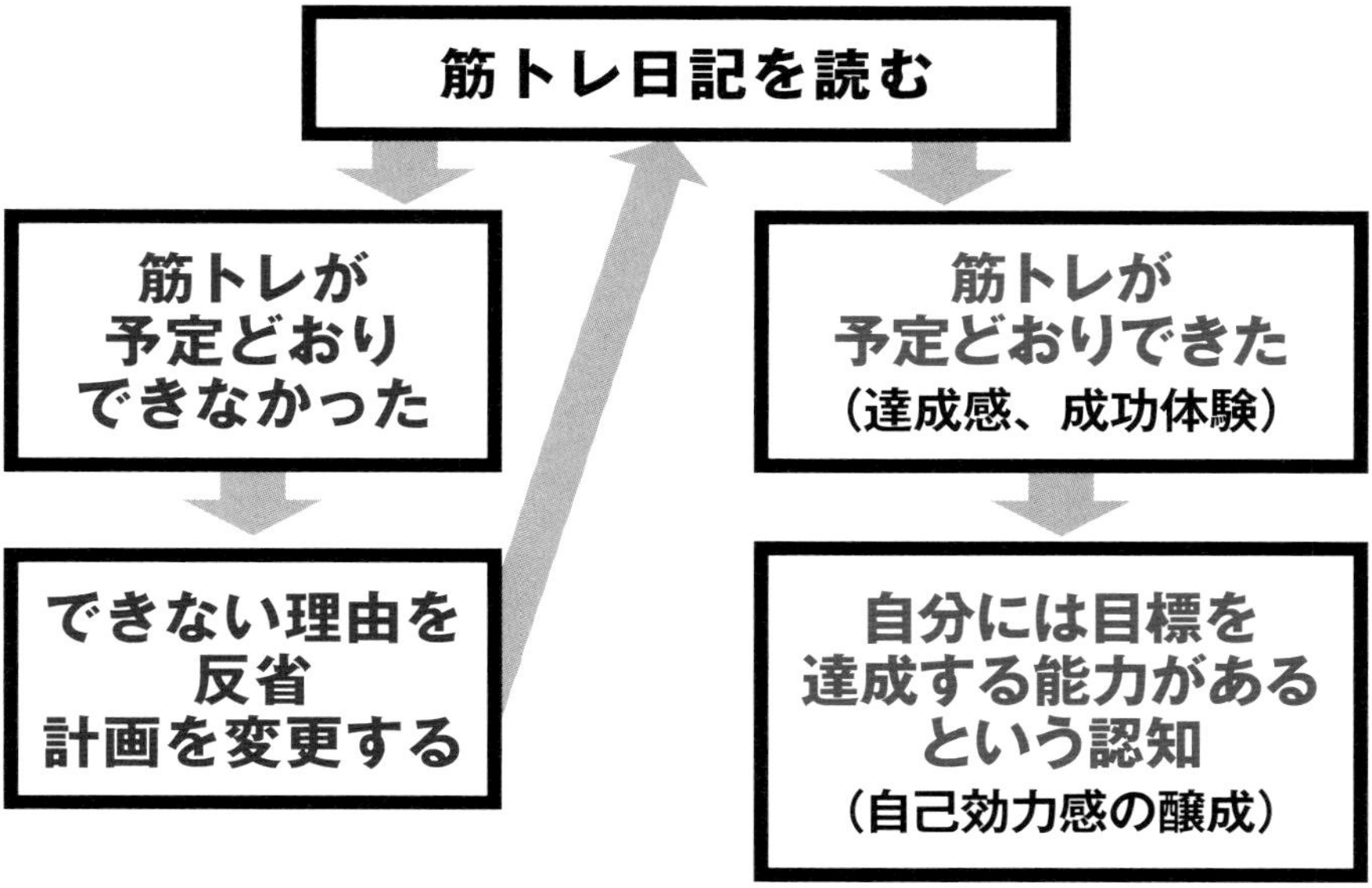
筋トレ日記を読む
筋トレが
予定どおり
できなかった
できない理由を
反省
計画を変更する
筋トレが
予定どおりできた
（達成感、成功体験）
自分には目標を
達成する能力がある
という認知
（自己効力感の醸成）

自己効力感とは？

1 達成経験 最も重要な要因で、自分自身が何かを達成したり、成功したという経験

2 代理経験 自分以外の他人が何かを達成したり、成功したことを観察すること

3 言語的説得 自分に能力があることを言語的に説明されること、言語的な励まし

4 生理的情緒的高揚 体調や気分など自身の情緒で「やれる」と思うこと

5 想像的体験 自己や他者の成功体験を想像すること

筋トレすると やる気や集中力も高まる

筋トレにマインドフルネスを取り入れることでも、メンタルは強くなります。

マインドフルネスとは「今現在において起こっている経験に注意を向ける心理的な過程」のことで、ストレスの軽減や集中力アップ、といった効果があることがわかってきました。

これを応用して、筋トレの最中は今行っている動作にだけ集中しましょう。そしてセットとセットの間の短い時間では、「自分は正しいことをやっているのか？」など自問自答するのです。このように自分を見つめ直す時間にすると筋トレの時間がより有意義なものになります。

メンタルを強化するリズム運動

身体活動量の低下と精神疾患増加の関係

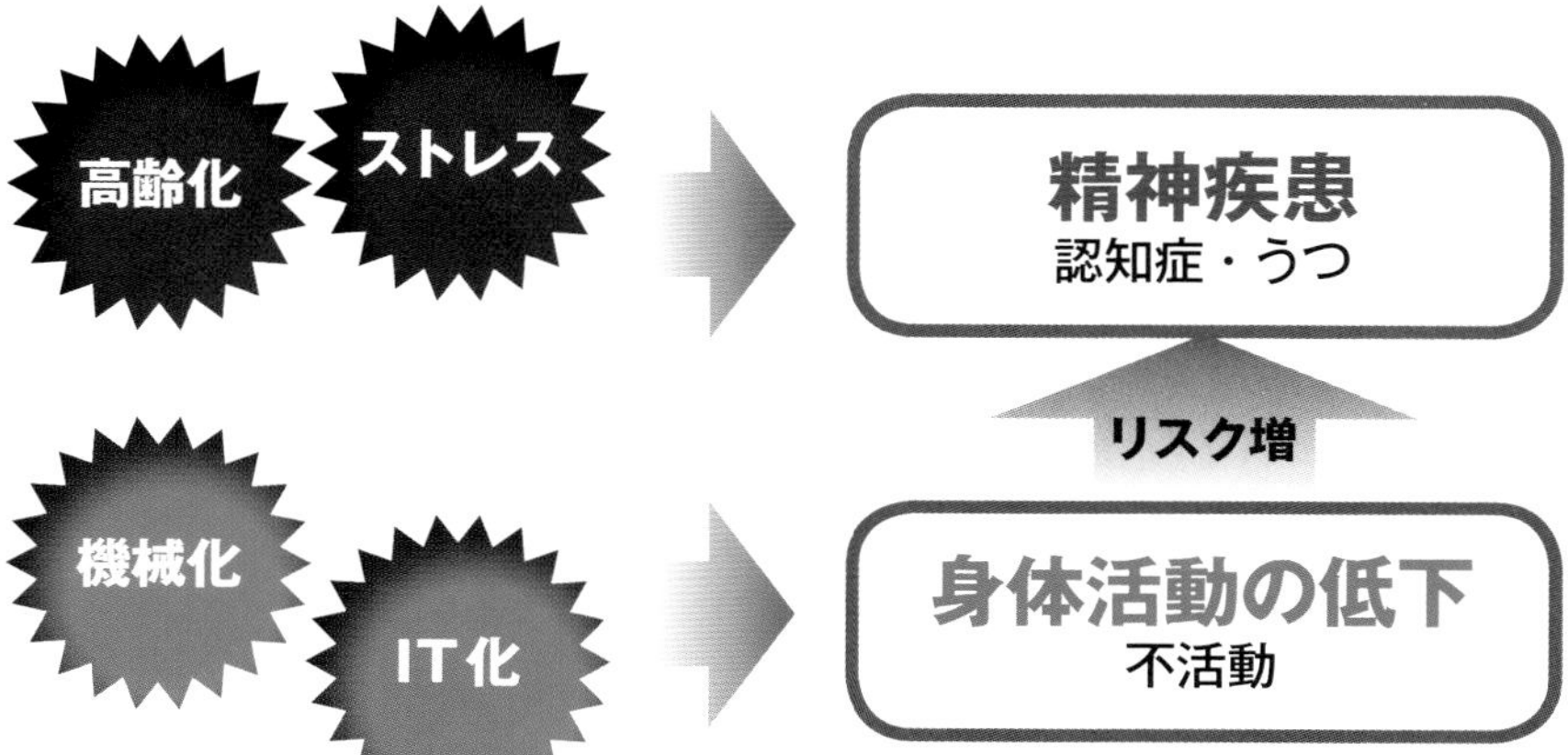

＊首都大学東京ヘルスプロモーションサイエンス学域オフィシャルブログより
（http://www.tmu-hps.jp/blog/2018/07/）

広瀬統一（ひろせ・のりかず）

1974年兵庫県生まれ。早稲田大学人間科学部スポーツ科学科卒業後、東京大学大学院総合文化研究科博士課程修了。2015年から早稲田大学スポーツ科学学術院教授。専門はアスレティックトレーニング、トレーニング科学、発育発達。アスリートの傷害予防やフィジカルコンディショニングなどを研究。サッカー日本女子代表チームや東京ヴェルディのフィジカルコーチを務めるなど豊富な指導歴を持つ。『女子の体幹レッスン　美しい身体になる筋肉のつけ方』（学研パブリッシング）、『「疲れにくい体」をつくる非筋肉トレーニング　運動効率3割UP！の「全身協調力」を鍛えよう』（KADOKAWA）などがある。

筋肉を最速で太くする

2020年6月27日　初版第1刷発行

著　者　広瀬統一
発行者　澤井聖一
発行所　株式会社エクスナレッジ
〒106-0032　東京都港区六本木7-2-26
http://www.xknowledge.co.jp/
問合先　編集 TEL.03-3403-6796　FAX.03-3403-0582
info@xknowledge.co.jp
販売 TEL.03-3403-1321　FAX.03-3403-1829